U0934712

论制度反腐

李永忠◎著

CCTP
全国百佳出版社
中央编译出版社
Central Compilation & Translation Press

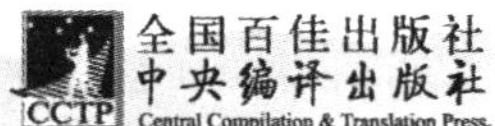

图书在版编目 (CIP) 数据

论制度反腐 / 李永忠著 . —北京：中央编译出版社，2016.8
ISBN 978-7-5117-3067-1

I. ①论… II. ①李… III. ①反腐倡廉－研究－中国 IV. ① D630.9

中国版本图书馆 CIP 数据核字 (2016) 第 179488 号

论制度反腐

出 版 人： 葛海彦
出版统筹： 贾宇琰
责任编辑： 邓永标
责任印制： 尹 珺
出版发行： 中央编译出版社
地　　址： 北京西城区车公庄大街乙 5 号鸿儒大厦 B 座 (100044)
电　　话： (010) 52612345（总编室） (010) 52612367（编辑室）
(010) 52612316（发行部） (010) 52612317（网络销售）
(010) 52612346（馆配部） (010) 55626985（读者服务部）
传　　真： (010) 66515838
经　　销： 全国新华书店
印　　刷： 北京紫瑞利印刷有限公司
开　　本： 880 毫米 ×1230 毫米 1/32
字　　数： 139 千字
印　　张： 7
版　　次： 2016 年 8 月第 1 版第 1 次印刷
定　　价： 32.00 元

网　　址： www.cctphome.com　**邮　　箱：** cctp@cctphome.com
新浪微博： @ 中央编译出版社　**微　　信：** 中央编译出版社（ID：cctphome）
淘宝店铺： 中央编译出版社直销店 (http://shop108367160.taobao.com) (010)52612349

本社常年法律顾问：北京嘉润律师事务所律师　李敬伟　问小牛
凡有印装质量问题，本社负责调换，电话：010-55626985

目 录

前言

如何走出反腐困境

为什么要制度反腐？

1982年至2011年30年中，因违犯党纪政纪受到处分的党员、公职人员达420余万人，其中省部级官员465人；因贪腐被追究司法责任的省部级官员90余人，其中从2000年到2007年，一共处死了5名省部级和1名副国级高官（不含军队数据）。

截至2015年11月11日，全国各省（市、区）均有省部级高官落马。2016年4月11日《中国纪检监察报》载文指出，“天涯无净土，各地区各部门只有问题多与少的区别，没有没问题的。党中央对形势的判断是政治，也是警讯。”（把握运用“五条体会” 推进全面从严治党之五）

“十八大”以来三年多落马的163名高官中，地方副省部级以上110人；军队副军级以上53名（其中3名上将、6名中将、39名少将，还有5名大校）。163人中：包括副国级以上5人，本届中央委员8人，候补委员12人，中央纪委委员2人。

“十八大”以前，只要不搞运动，全国年平均处分率通常在1.5‰～1.7‰徘徊。2013年突破2.1‰，2014年突破2.6‰，2015年突破3.9‰。三年来全国共处分党员、公职人员75万人，移送司法机关3.6万人，占75万人中的4.67%。

三年来，中央管理干部被立案189人，移送司法机关80人，占189人中的42.3%，接近一半。

三年来，本届中央委员、候补中委、中央纪委委员落马22人，占“两委”委员总数5.5%，年均1.8%，而且几乎都要进监狱，面临重刑。

十七届政治局委员25人加书记处5人，减去既是政治局委员又是书记处成员3人，实为27人，已有周永康、徐才厚、郭伯雄、薄熙来、令计划5人落马，占上届中央领导成员总数的18.5%。除了徐才厚已死，其余均为无期徒刑。

上述数据折射出一个重大问题：为什么越是位高权重，越容易犯错误，越容易落马，越容易受重处分，越容易被判重刑?

其实，在常人看来难以理解的问题，无不同我们沿用至今的苏联模式有关——不科学的权力结构和不合理的选人用人体制，是造成上述问题的两大根本性原因!

苏联老大哥在成为全球第二个超级大国的过程中，也曾集中精力搞经济建设，也满满地自信过……但他们既忽视了自身权力结构的先天不足，又忽略了选人用人体制的后天不良！苏联模式的这两大根本性弊端，无法支持其长期执政的愿望！苏联共产党每十年翻一番查处腐败案件，证明其反腐并非不坚决；苏联共产党各级党委、组织部每年都从少数人中挑选少数人，证明其选人并非不认真！然而，一个偶然的“8·19”事件，让拥有近2000万党员（亡党前有420万党员退党）的执政党，在几天内便结束其执政生命；让拥有2200多万平方公里国土的苏联，在几个月内便分崩离析悄然瓦解……

对这样一个结局，不仅苏联党内外无人料到，各社会主义国家难以逆料，乃至包括西方在内的全世界都莫名惊诧……

然而，苏联亡党亡国的前后，采用苏联模式的东欧各社会主义国家，传来一片多米诺骨牌的倒塌声……

四分之一世纪来，研究分析苏联亡党亡国的文章著作成千上万！有说错选接班人，有说"两杆子"失控，有说石油价下滑，有说民族矛盾激化，有说西方势力操纵……却少有人分析其长期治标的权力反腐之殇，也鲜有人研究其权力结构和选人用人体制的深层次弊端……

其实，邓小平在36年前的"8·18"讲话中就找到了"权力过分集中"这一"总病根"，30年前又从"苏联模式"中查找了总根源……

受其启示，30多年前，我开始了对制度研究，特别是对权力结构研究的兴趣。1984年撰写了《略论我国封建社会监察制度》，1985年撰写了《改革党内监督制度》和《改革党委‘议行合一’领导制度》，1986年撰写了《必须把制度建设作为党的根本建设》，当时没有报刊刊登我这篇文章。直到1994年11月20日才登载在《人民日报》内刊《理论参考》上。

2002年党的“十六大”报告中，第一次提出了“把党的制度建设贯穿于党的思想、组织、作风建设之中”；2007年“十七大”报告中将“思想建设、组织建设、作风建设、制度建设、反腐倡廉建设”相并列；2012年“十八大”报告中，第一次把制度建设放到党的“五大建设”的最后，作为前“四大建设”的托底。

这些研究的点滴积累，使我明白，在20世纪80年代末、90年代初，世界社会主义运动遭遇严重挫折时，同样采用苏联模式的中国却能一枝独秀。其奥秘就在于当时中国十多年的改革开放，在经济领域（主要是民营企业）大多摈弃了苏联模式的两大根本性弊端。几乎所有的民营企业家都是市场经济用脚投票“选举”出来的，而非各级组织部培养考察选拔并按等级授职的方式任命。正是这快速做大的“蛋糕”，支撑了中国在苏东剧变中的一枝独秀。

但是，经改的快速做大蛋糕，与政改的严重滞后，也造成了两极分化加速，党群关系疏离，干群关系紧张，腐败越演越烈……

三年多的高压反腐，既体现了新一届党中央的坚定决心和明显成效，也折射出30多年权力反腐留下的巨大腐败存量和呆账，同时反映出我们还要从政治领域摈弃苏联模式的决绝态度。

习近平总书记尖锐指出："我们国家无论在体制、制度上，还是在所走的道路和今天所面临的前所未有的境遇，都与前苏联有着相似或者相近乃至相同的地方。弄好了，能走出一片艳阳天；弄不好，苏联的昨天就是我们的明天。"

我以为，苏联在亡党亡国前，一没有形成我们如此严重的两极分化；二没有经历过我国十年"文革"的浩劫；三还有相当多的人保持着一定程度的宗教信仰。因此，如果我们不能通过制度反腐，走出多年的反腐困境，不能恢复和重建党和政府的公信力，一旦亡党亡国，将可能是人类史上最血腥、最惨烈的浩劫……

正是清醒地认识到可能的危险，担任过村党支部书记、县委书记、市委书记、省委书记，直至总书记的习近平同志，为了国家、民族、政党的明天，“十八大”以来积极推进四个全面战略布局。这既是对此前主要失误的纠偏，也是他40多年治国理政的深思熟虑。而即将召开的中共中央六中全会，其主题就是研究全面从严治党重大问题。

全面从严治党，既要解决严厉问题，更要解决严密问题。在我党的历史中，先后经历过战争反腐、运动反腐、权力反腐三个阶段。以战争为载体的反腐，与血与火的年代是适应的。以运动为载体的反腐，与计划经济的建设时期也基本相适应。但是，尽管依靠隔三岔五的群众运动，遏制了腐败的滋生蔓延，却严重干扰了经济建设的正常秩序，同时还造成了党内关系的人人自危。30多年的改革开放，由于政治体制改革的严重滞后，以权力为载体的反腐，与市场经济却严重的不相适应——致使腐败“越演越烈”（习近平语）。

2013年1月，在十八届中央纪委第二次全会上，习总书记下定了“把权力关进制度的笼子里”的反腐决心；2014年1月，在中央纪委第三次全会上，习总书记明确了“形成科学的权力结构”的反腐或政改目标；2015年1月，在中央纪委第五次全会上，习总书记作出了“制度治党”、“重构政治生态”的战略规划。制度反腐开始发轫。

如果说战争、运动、权力三大载体，在反腐中主要是解决严厉的问题；那么以制度为载体的反腐，则主要解决严密的问题。

制度一词有两层含义：一为浅层含义上的规章、守则，即要求大家共同遵守的行为准则，表现为说在嘴上、写在纸上、贴在墙上的条条款款；一为深层含义上的组织体系（其核心为权力结构）。即决策、执行、监督相互制衡的“专门机构”，以保证上述规章、守则（即那些嘴上、纸上、墙上的条条款款）制定公正、实施有效、监督到位。

判断好制度有三要素：第一，客观性。不能脱离和超越其产生的那个十分确定的前提和条件。第二，代表性。必须体现大多数人的整体意志和利益。第三，可操作性。制度是否健全、完善，取决于构成其权力结构的决策机关是否公平，执行机关是否高效，监督机关是否有力。也即这三个子系统的设置是否科学、结构是否合理，操作时能否有效的相互制衡并相互促进。

30多年前，我在潜心于制度建党、制度监督、制度反腐的自选课题研究中，明白了这样一个道理——防止腐败（我将腐败称之为权力事故），制度比人更重要。

其一，制度虽然是由人制定的，但符合客观发展规律的制度，人们却不能随心所欲的加以制定。因而，能被称之为好的制度，必然是人们对客观发展规律的正确认识和反映。

其二，好的制度一旦制定出来，包括制定者都无法随心所欲去违反。因而好的制度，必然以强制性为后盾，而非仅以自觉性为前提；必然以科学分权的“专门机构”有效权力制衡为保障，而非只以颁布若干规章、守则为目的；必然体现客观发展规律，成为一种客观存在，而非仅是人的主观意志的产物，所以也不是人的主观愿望所能轻易改变。

但遗憾的是，时至今日，大多数人包括相当数量的领导干部，对于制度的认识，仍然停留在制度浅层含义上的条条款款，而忽略制度深层含义上的组织体系（核心是权力结构），对于习总书记“形成科学的权力结构”这一重要论断严重缺乏认识和理解。

我在多年前，对制度反腐作过如下定义：通过对沿用于苏联模式的现行党和国家领导制度的全面深化改革，形成新的、科学的权力结构来防治腐败。

领导制度的核心，是权力结构；组织制度的核心，是选人用人体制。

权力结构则是决策权、执行权、监督权的排列组合方式。

自建党以来，中国共产党的领导制度（权力结构）和组织制度（选人用人体制）采用的都是苏联模式。因此，1980年8月18日，改革开放总设计师邓小平，在中共中央政治局扩大会议上讲话的标题就是《党和国家领导制度的改革》。这篇讲话是《邓小平文选》中含金量最高的论著，时隔36年，仍然是指导我国政治体制改革，特别是党和国家领导制度改革的纲领性文件。

30多年反复研读邓小平“8·18”讲话，并在理论研究和实践探索中，我懂得了：制度反腐，必须以权力结构改革为前提，必须以设立政改特区为条件，必须以“把权力关进制度的笼子里”为取向。而权力结构改革，则必须以摈弃苏联模式为前提，必须以合理分解权力为条件，必须以“形成科学的权力结构”为目标。

实践证明：问题的复杂性，通常不来自于问题本身；而是因为解决问题的方法，远离原点的缘故。

如果只满足于权力反腐的思维定式，无论纠多少风，查多少案，抓多少人，判多少刑，只要腐败的病根不除，一旦反腐高压无法继续，所有努力，都会瞬间归零。

反腐的压力当然在案中，功夫却必须在案外，成功则只能靠改革!

对于恶化多年的政治生态，靠什么来净化，靠什么来重构?

从战术而言——靠查案。但是，查处一案只能净化一时，案又滋生则污染一片。

从战役而言——靠用人。但是，用一君子虽然所属皆净，用一小人则此地全污，何况靠什么阻挡君子变小人?

从战略而言——靠制度。因为，制度好则坏人难干坏事，制度坏则好人易变坏人。

再好的权力反腐，也只能治标；通过政改，形成科学的权力结构的制度反腐，才能治本！

有鉴于此，我将这三十年来我发表于各类报刊中有关制度反腐的文章集结成书，以此说明什么是制度反腐，制度反腐有哪些要素，并以此求教于各位读者。

作者

2016 年 7 月 30 日 于北京

制度反腐开篇谈

“十八大”以来，习近平总书记关于反腐败作出了一系列新阐述，其中在十八届中纪委第三次全会上，有三点新提法尤为值得关注：一是要以深化改革推进党风廉政建设和反腐败斗争；二是保证各级纪委监督权的相对独立性和权威性；三是强化制约，科学配置权力，形成科学的权力结构和运行机制。这三项内容分别从反腐着力点、异体监督、制度保障方面为反腐败从治标转向治本指明了方向，明确了目标，显示出中央制度反腐的坚定决心。

腐败是政治之癌，为任何现代国家和现代政党所摒弃。我们党也一直不遗余力地同腐败行为和不良作风作斗争。“十八大”以来，党中央把落实八项规定作为改进作风的突破口，自上而下以身作则，率先垂范真抓实干；中央纪委惩治腐败，不仅强化巡视，还借力于网络举报监督的新形式。从最高层的集体认识，到普通百姓的高度关切，官方和民间的同频共振，将反腐败推升到一个新的高度。

“十八大”以前，只要不搞运动，全国年平均处分率通常在 1.5‰ ~ 1.7‰徘徊，2013 年突破 2.1‰，2014 年突破 2.6‰，2015 年突破 3.9‰。三年来全国共处分党员、公职人员 75 万人，移送司法机关 3.6 万人，占 75 万人中的 4.67%。“十八大”以来，三年平均每天有 685 名党员、公职人员受处分，每月有近 4 名省部级干部“落马”。

随着腐败官员的纷纷落马，人们也在追问：如何铲除“老虎”“苍蝇”大量滋生的土壤？如果一两个高官出事，是个人素质出了问题；十来个高官出事，就得考察选人用人上是否存在纰漏；几十个高官出事，就要在监督机制、权力运行和文化环境方面认真思考了。

认真研究人类社会发展规律就会发现，腐败是权力的伴生物，与个人的贪欲和腐败机会有直接关系。贪欲+权力+机会=腐败。只有约束这三个要素，才能真正消除腐败。同体监督再强，总会存在自身局限，制度反腐才是行之有效的杜绝腐败的做法。从制度层面确保组织监督、群众监督和舆论监督真正落到实处，才能孕育权责一致、相互制约的权力结构，从根本上形成不敢腐、不能腐、不想腐的权力结构和运行机制。

怎样实现权力反腐向制度反腐转变呢？在宏观层面上，要形成科学的权力结构，要坚持用制度管权管事管人，让人民监督权力，让权力在阳光下运行；在中观层面上，要构建合理的权力运行体系和有效的监督预防体系，确保决策科学、执行坚决、监督有力；在微观层面上，要改革纪检体制，加强对同级党委特别是常委会成员的监督，查办腐败案件以上级纪委领导为主，各级纪委书记、副书记的提名和考察以上级纪委会同组织部门为主，推动党的纪律检查工作双重领导体制具体化、程序化、制度化。一言以概之，就是要依靠改革和制度的力量，真正把权力关进制度的“笼子”里。

“十八大”以来的高压反腐，党中央用“八项规定”“徙木立信”的形式彰明了反对腐败的决绝态度，用治标为治本赢得了时间，用“四两拨千斤”的战法（两责任：党委主体责任，纪委监督责任；两为主：纪委书纪、副书纪的提名、考察权（即人权），查办腐败案件（即事权），以上级纪委领导为主；两覆盖：用巡视主要覆盖地方块块、用派驻主要覆盖系统条条；两头打：一头打老虎，一头打苍蝇。）取得明显成效。过去一个阶段的反腐败工作打开了制度反腐的新视野，倘若继续用实实在在的体制改革推动廉洁政治建设，则干部清正、政府清廉、政治清明的春天必然可期。

第一章　制度反腐须构建科学的权力结构

“十八大”以来，习近平总书记强调：反腐倡廉的核心是制约和监督权力，让权力在阳光下运行，路径是制度治党，目标是重构政治生态，努力构建决策科学、执行坚决、监督有力的科学权力结构，把权力关进制度的笼子里。

一、把权力关进制度“笼子”需要科学的权力结构

2015年1月26日，十八届中央纪委委员、河北省委组织部原部长梁滨被立案调查，他是从山西走出的省部级干部，是“十八大”以来现任省委组织部长中第一个落马的，同时又是“十八大”以来第57个高官落马——他还是“十八大”367名中央委员（候补中央委员）、130名中央委员、一共497名中央和中纪委委员当中落马的第10人。

中央委员落马8人，中纪委委员落马2人，这个数字相当可怕。“十八大”选举产生不到500名中纪委委员和中央委员，两年多居然有10名有问题，而且不是一般的问题。而本届中央委员、中纪委委员落马人数所占比例，以两年来算，已经超过了1%。

不光是省部级以上高官出了问题，在县级基层同样暴露了严重的腐败问题。原山东巨野县委书记刘贞坚，在任期间，开卖官“夫妻店”，在44笔受贿当中，有41笔是为下属谋取职务调整，共受贿700万余元，涉及到该县县级干部7人、县直部门主要负责人10人——全县18个乡镇中只有一名乡镇党委书记未向刘贞坚行贿。

这些年，腐败易发多发、高官高危及小官巨贪的主

要原因在哪里?

从历史来看，权力从先古的负担变成了后来的乐趣。“尧之王天下也，茅茨不翦，采椽不斫，粝粢之食，藜藿之羹；冬日麑裘，夏日葛衣；虽监门之服养，不亏于此矣。禹之王天下也，身执耒锸，以为民先，股无，胫不生毛，虽臣虏之劳，不苦于此矣。以是言之，夫古之让天子者，是去监门之养，而离臣虏之劳也，故传天下而不足多也。今之县令，一日身死，子孙累世驾，故人重之。是以人之于让也，轻辞古之天子，难去今之县令者，薄厚之实异也。”（《韩非子·五蠹》）这段文字说得很清楚。

从现实来看，既有 1945 年时的“窑洞对”与“权力味”，又有 1949 年后的“手莫伸”，还有当前的“越演越烈”（习近平语）和“极为严峻复杂”（王岐山语）。

1945 年是日本战败之年，这一年有两组对话尤为精彩——一是发生在陕北延安的“窑洞对”，二是记录于陪都重庆的“权力味”。

1945 年 7 月 4 日下午，毛泽东专门邀请黄炎培等人到他家里做客。他们整整谈了一个下午。黄炎培说，历史上还没有谁能跳出“其兴也勃焉，其亡也忽焉”的这个历史周期率。毛泽东则以“只有让人民来监督政府，政府才不敢松懈；只有人人起来负责，才不会人亡政息”为“我们能跳出这个周期率”作答。

当时，一些记者从延安采访回到重庆，向“第一夫人”——蒋介石之妻宋美龄高度赞扬了延安共产党人的廉洁奉公、富于理想和献身精神。宋美龄感触良深，默默地凝视长江几分钟后转回身，说了这样的一句话：“如果你们讲的有关他们的话是真的，那我只能说他们还没有尝到权力的真正滋味。”（芭芭拉·塔奇曼《史迪威与美国在华经验》）

1954 年，陈毅在感事述怀诗《七古·手莫伸》中写道：“手莫伸，伸手必被捉。党与人民在监督，万目睽睽难逃脱。汝言惧捉手不伸，他道不伸能自觉。其实想伸不敢伸，人民咫尺手自缩。岂不爱权位，权位高高耸山岳。岂不爱粉黛，爱河饮尽犹饥渴。岂不爱推戴，颂歌盈耳神仙乐。第一想到不忘本，来自人民莫作恶。第二想到党培养，无党岂能有所作？第三想到衣食住，若无人民岂能活？第四想到虽有功，岂无过失应惭怍。吁嗟乎，九牛一毫莫自夸，骄傲自满必翻车。历览古今多少事，成由谦逊败由奢。”

在中国共产党 90 多年历史中，曾经依靠血与火的战争为载体，继而依靠频繁的群众运动为载体，解决了打天下的革命年代和新中国建设时期的腐败问题。

但是，近30多年来，沿用于计划经济时期的权力结构却越来越难以应对市场经济条件下的腐败问题。

2003年，中央纪委第一次公开报道了13名省部级腐败高官落马。七年后，2010年全年共有11名省部级腐败高官被处以重刑。

2003年，13名腐败高官人均受贿贪污金额419万元；2010年，11名腐败高官人均受贿贪污金额983万元，是前者的2.35倍。这说明腐败高官的犯罪金额的增幅，远高且快于经济的增长速度。2003年的13人中，判处死缓以上3人（含死刑1人），占23%；2010年的11人中，判处死缓7人，占63.6%。这说明死刑已经难以震慑腐败高官。2003年的13人中，“一把手”7人，占53.7%；2010年的11人中，“一把手”8人，占72.7%。这说明“一把手”越来越成为名副其实的高危岗位。2003年的13人中，京城高官仅2人，占16.4%；2010年的11人中，京城高官增至5人，占45.4%。这说明在政治生态较好的京城，权重较轻的部委，腐败也在滋长蔓延。

改革开放30多年来，因违犯党纪政纪受到处分的党员及公职人员500多万人，其中省部级官员500多人；

因贪腐被追究司法责任的省部级官员200多人，其中仅地方就处死了5名省部级高官和1名副国级高官。

2012年11月，习近平在当选中共中央总书记后的三天内两谈“警醒”，并以“大量事实告诉我们，腐败问题越演越烈，最终必然会亡党亡国”的严厉措辞发出“反腐之声”。之后2013年5月17日，王岐山出席中央巡视工作动员暨培训会议指出：“当前，党风廉政建设和反腐败斗争形势极为严峻复杂，我们党面临的挑战，有的来自国际，有的来自国内，最根本的还是来自党内，不正之风和腐败就是来自党内的挑战之一。”

出现如此大面积的腐败，政治生态出了什么问题？症结何在？根本原因还在于当前的“一把手”权力结构不合理，对权力缺乏有效的监督。

高官何以高危？一两个高官出问题，通常是个人素质出了问题；七八个高官出问题，可能是思想教育出了问题；十多个高官出问题，大约是组织监督出了问题；几十个高官出问题，应该是制度设计出了问题；上百个高官出问题，肯定是权力结构和文化出了问题。

古今中外历史反复证明，同体监督是一种无效、低效、成本很高的监督。而苏联、东欧和我国采用的都是“苏联模式”的同体监督。因此，在一个地区、单位，没有任何组织和个人能对这个地区、单位的党委进行监督，该党委成为不受监督的第一个绝对权力；在这个党委内，没有任何组织和个人能对该党委书记进行监督，该党委书记成为不受监督的第二个绝对权力。两个绝对权力的叠加，必然使其加速度地倾向于腐败。

由此可见，同体监督的“苏联模式”是不支持长期执政的。中国共产党想要避免形成绝对权力，想要长期执政，必须实行异体监督——“保证各级纪委监督权的相对独立性和权威性”。

二、当前我国政治体制下的权力结构之困

在刘贞坚大肆受贿期间，我们看不到该县负责反贪的纪委和反贪局的影子。这是为什么？该县的纪委、反贪局去哪里了呢？

答案就是“一把手体制”下“同体监督”所带来的恶果。按照列宁的设想，是要设立与党内执行委员会平行的机构——监察委员会，以便能够对执行委员进行到位的监督。但后来斯大林却将党内决策、执行、监督三权合为一体，形成监委也受党委统一领导的绝对权力。列宁的异体监督，被斯大林搞成“同体监督”了。我们

的纪委照搬苏联模式，这种“同体监督”已经与集决策、执行、监督三个权力高度重叠的党委的绝对权力，特别是党委书记的绝对权力浑然一体了。对这种绝对权力的同体监督，可以称为“三无”，一无影，二无力，三无效！就是习近平总书记说的，为什么方方面面的一把手，他们违纪违法犯罪的比例比别的还要高。这就是绝对权力造成的恶果，也是权力结构惹的祸。

权力失衡导致在一个地区、一个部门掌控最高权力的只有一个人，这就是第一把手。以前媒体报道程维高事件时，就出现了这样的文字——“谁来监督省委书记”“这是一个很大的真空地段”。

还是以刘贞坚为例，在巨野县内，县委是不受监督的绝对权力，在县委内，刘贞坚这个县委书记是不受监督的绝对权力。这两个绝对权力导致刘贞坚很容易倾向腐败！再加上从上往下层层任命的等级授职制，而非由下而上的逐级选举的普选制，使刘贞坚在选用干部上大权独揽，颐指气使，想用谁就用谁。特别是那些县以下主要领导职位的任命尽在他手里。在这种情况下，他用假借、指事、会意的办法，将他的权力外溢到他老婆那里，让他老婆成为地下的“组织部长”。只要给了他老婆好处的，他老婆说谁上谁就上。与他身边最近或者同他利益最密切的人，就成为他权力的化身。

实际上，不改权力结构，不改选人和用人体制，想通过扩大外延，去管配偶、子女、身边工作人员的做法，是只治标不治本的做法。30 多年来，由于不搞政治体制改革，各级纪委查了很多的案子，纠了很多不正之风，但是权力结构、用人体制不改，那种家庭式、家族式的腐败不断蔓延，以致“越演越烈”——这四个字是习近平总书记在 2013 年初讲的。

对权力的管理、监督系统必须封闭。如果这个系统不能封闭，权力就容易被乱用、滥用，甚至盗用。省委书记是一把手，比省委书记小的也有“一把手”，比如市委书记、县委书记乃至乡镇党委书记。现行党委领导体制，就权力架构而言，是“一把手体制”。最突出的表现就是——班子内只有“一把手”说了算。班子内的其他常委或其他领导，在其分管的领域，也是“一把手”，也能说了算。我把它叫作“一把手体制”的延伸或转借。山东省泰安市原市委书记胡建学就这样说过：官做到我这一级，就没有什么监督的了。他说得如此大胆，在一定程度上，也反映了一些地方和部门的实际情况。

还有，江西省原副省长胡长清曾经打过一个比喻，组织的管理和监督对他而言，如同是“牛栏关猫，进出自由”。非常形象啊！关牛的地方，栏杆空隙那么大，一只猫在里面，怎么能不“进出自由”？胡长清肆无忌惮地受贿索贿，养情妇，嫖娼妓，他就是一只“灵巧的猫”。

我们从这些腐败分子的坦言中应该看到，我们对权力的监督还非常乏力，我们的权力反腐还相当“粗放”。腐败分子就钻了体制不严密和监督不到位的空子。比如，沈阳的马向东，前后 17 次出境去澳门豪赌，无人问，无人管，无人反映，无人监督。沈阳慕马案中，一共被查处了 17 个“一把手”。1983 年 1 月 17 日，广东省海丰县原县委书记王仲成为改革开放以来第一个被枪毙的县级“一把手”。此后，“一把手”严重违纪违法，严重犯罪在一个时期逐年增加。成克杰成为当时被处死的党政高官中官衔最高的。

就像有记者所说，一个人出现问题，可以说是他素质不好，他原本就不是个好人。但是，如果一批人出现同样的问题，那就是制度有问题了。因为不能够说，这些人开始当一般干部时就都是坏的；在刚开始担任高级干部的时候，他们就已经是腐败的。改革开放 30 多年来，还有人这样认为，以前少见的高官腐败是“搞市场经济”的“副产品”。

对于经常出现的问题要从规律上找原因，反复发生的问题要从制度上找原因。说发展社会主义市场经济导致腐败，这种表述没有根据。简单地讲，党内出现腐败高官，与市场经济有关，但不是唯一的原因，也不是根本的和主要的原因。

我党历来注重党内民主建设，党的“十六大”报告特别强调“党内民主是党的生命”，必须“注重制度建设和创新”的重要论断。制度建党，制度反腐，其实质就是要通过制度建设，加强党的肌体，发展党的生命。

举个例子。在一个领导班子里，“班长”是民主的。在决定重大问题投票的时候，这位“班长”投下的那一票，是否与班子其他人的票的分量一样？我们知道，民主集中制是党的根本组织原则和组织制度。党章充分体现了这一原则和制度。党委内，书记的一票也只是班子集体中普通的一票。但是，经常见到的是，“班长”那一票常常会等于或大于一班人票数之和。“班长”与班子其他成员的意见一致时，他的一票有多大分量看不出。但如果“班长”与其他成员的意见相左，“班长”这一票的分量，就往往会等于或大于班子所有票数之和。等于——是他可以利用“一把手”的权力，使此次会议形不成决议；大于——是他可以利用“一把手”的权威强行通过决议。

这正常吗？这正确吗？“班长”表示不同意见，很正常；但最后执行的是他一个人的意见，而不是大多数人的意见，这就不正常，也不正确。更何况，这个“班长”的具体情形也各不相同，有的民主，有的不甚民主，有的还相当专断。

在 20 世纪 70 年代以前，还没有将经济建设作为全党工作的中心，但在党内却已经发生了失去监督和制约的严重错误。改革开放以来，我们以经济建设为中心，出现了诸多在高干层面上对“一把手”失去监督和制约所造成的腐败问题。

（一）权力失衡导致党内监督制衡难

制约反映的是不同权力之间量的关系，制衡体现的是不同权力之间质的关系。形式上，从中央到乡镇都建立了纪委，应该说在组织体系或机构设置上体现了一定程度的权力分立。但是，这种权力分立所能起的作用，最多是一种制约作用。同级党委及其成员对身边的同级纪委，有你，不觉多；无你，不觉少。权力配置上的不对称，从而决定了对同级党委及其成员权力的行使，最多有点制约作用，距离权力制衡还有相当的差距。“议行合一”的党委领导体制，使党内的立法权、执行权集于党委一身，造成党内权力配置失衡。党委既是决策机关又是执行机关，同时党内监督机关也在其领导之下，集党内三权于一体的党委，成为一级党组织中的唯一领导机关。在这种领导体制下，党内权力实难平衡，党内民主实难发展，党内监督实难进行。

从党内权力配置来看，“议行合一”使党内权力严重失衡。党内立法决策权与党内执行权一旦合一，立法决策机关与执行机关必然混为一体，双方的相互制约关系必然打破。党委实行“议行合一”的领导体制，党内就不可能设置独立的执行机关，党代会作为同级党的最高权力机关必然形同虚设。党代表只好每五年露一次面，每五年体现一次权利。由于全委会大多每年一次，党代会、全委会闭会后“议行合一”的权力即自行交予常委会。党委（主要是常委会）既管党内立法、决策，又管执行，从政策的出台，到政策的执行，一竿子插到底。

党委（主要是常委会特别是第一书记）由于权力过于集中，又方便好使，为保证执行得坚决有力，在决策上，多用首长负责制代替民主集中制；在用人上，多用“等级授职制”取代选举制。于是，党委无论在用人，还是治事上，从决策到执行，要对就对到头，要错就错到底。其间，没谁可以叫板，无人能以纠偏。

按照控制论、系统论的观点：事物的特性是由结构决定的。就党这个母系统来说，构成其结构的决策机构、执行机构、监督机构三个子系统必须保持在相互适应的平衡态势。这三个子系统中任何一个偏离平衡态势超过某个临界点，就会造成党的混乱以致瘫痪，甚至瓦解。这种结构模式按其术语被称之为脆性结构。结构是脆性的，并不意味着必然容易瓦解。

控制论明确指出：脆性只表示缺乏弹性，是结构必须保持高度平衡的标志。是否容易瓦解，还取决于保持这种平衡的能力。从平衡的脆性来讲，任何生命系统都是脆性的。因为生命存在的条件极为苛刻，一旦失去平衡，生命就有瓦解的危险。然而，生命却又是相当顽强的，其原因就在于生命系统具有一种调节控制自己经常保持平衡的能力。乌龟生长出的甲壳，就很好地说明了这一点。

控制论把这种自动调控能力统称为维持稳定的机制。因此，任何脆性平衡系统，为了生存下去，必须发展起一套有效的强控制机制，确保系统偏离平衡时能进行有效的调节。

生命系统是如此，社会系统也不例外。就党来说，为了保持自身的平衡，逐渐发展起一套强控制机制。其表现：一是建立一个实行强控制的执行网络——高度集权的地方各级党委，以保证中央号令的严格执行和各地情况的及时反映；二是不断加大控制中枢即中央的权力，对偏离平衡态能做出灵活且及时的反应，以便随时调控。

由于党内决策、执行、监督三个子系统从一开始就不能保持应有的平衡，如党代会本是党的决策机构但却很少决策；常委会既为执行机构又兼行决策；纪委作为监督机构却隶属于执行机构（同级党委），难以监督。于是，党的强控制机制不得不非正常地迅速集权，以修补党内三个子系统的不平衡状态，维系党的生存和发展。其结果，党内越来越集权于常委会，常委会又集权于几个书记，特别是一把手。正如邓小平同志指出："党的一元化领导，往往因此而变成了个人领导。全国各级都不同程度地存在这个问题"。（《邓小平文选》第二卷329页）

正是因为党内决策、执行、监督三个子系统的权力设置，一开始就缺乏应有的平衡；正是逐渐发展的强控制机制，在修补平衡中非正常地迅速集权，从而更加剧了党内权力的不平衡。其实，国际共运史证明，党的一元化领导变成个人领导，不独表现于中国，苏联、罗马尼亚等国又何曾不是如此。

由此可见，党内这种强控制机制急剧发展到以“文革”为顶巅，不是没有来由的，根源恰在于党内三个子系统的不平衡。然而，控制论也指出：任何一种控制手段都不可能是永恒的、万能的——在实施控制手段的过程中就孕育着自身不能控制的因素。结构内各子系统的不平衡愈经常，控制手段使用就愈频繁，其调控能力就会越来越低，以致最后完全失灵。

“文革”期间，党内三个子系统之间几乎完全偏离平衡态，党面临崩溃的危险。而这时以毛泽东同志为首的党内强控制机制也发展到巅峰——“中央文革领导小组”成为建党以来集权最多的中枢机构，全国上下以“红色电波”为号令，统一行动……然而，很快也就落到谷底——各级党组织、广大党员对“批邓反击右倾翻案风”的抵制，就足以说明这种强控制调节能力低到了失灵的边沿。

党的十一届三中全会后，沉痛的历史反思，终于使党，首先是党的最高领导者们认识到：“文革”悲剧充分暴露了党和国家领导制度中的种种弊端，党和国家的领导制度必须改革，党和国家的领导体制必须完善，党和国家的领导机制必须健全。而当务之急，就是改变党和国家领导制度中的三个子系统——决策、执行、监督机构的不平衡状态，使之保持相对平衡。

于是，党的纪律检查委员会从党委的名下分列出来了，人民代表大会及其常务委员会开始行使其立法决策权了，国务院和各级政府作为行政执行机关的趋势也越来越明显……1987年，中共中央明确指出："为了国家的长治久安，我们必须要有一套制度制约和监督党和国家的高级领导人，特别是职权最高的领导人都能严格遵守宪法，遵守党纪，不至于不受任何限制自由行动，使我们党和国家的治理基本上靠制度而不是靠个人。"

对国际共产主义运动史的认真回顾，建党以来，特别是党执掌政权以来经验教训的深刻反思，一条越来越明晰的思路出来了——"领导制度、组织制度问题更带有根本性、全局性、稳定性和长期性，这种制度问题，关系到党和国家是否改变颜色，必须引起全党的高度重视。"（《邓小平文选》第二卷333页）

"议行合一"的党委领导体制，不仅造成了毛泽东晚年所犯的错误，而且那场史无前例的浩劫，也引发了国内外和全党上下对此的深刻反思。"文革"之后，特别是随着改革开放的深入推进，由于工作性质使然和监督受阻，一些地方纪委，特别是中央纪委最早意识到"议行合一"的党委领导体制存在弊端。

经中央政治局同意，1996年1月，尉健行同志在中央纪委六次全会的报告中明确提出：“凡属重大决策、重要干部任免、重大项目安排和大额资金的使用，必须经集体讨论作出决定。”接着，又在此后的几次全会报告中针对“三重一大”等问题，陆续强调“要规范民主决策程序，健全议事规则”并具体规定：地县党政领导班子正职的拟任人选，分别由省、市“党委常委会提名，党的委员会全体会议审议，进行无记名投票表决。”这是中央在修改党章前，将地方党的常委会一部分决策权划给全委会的最早改革。

这些年，用票决制决策“三重一大”问题，已为不少地方党的全委会或常委会所采纳。尽管这种分权还不够科学，也不尽合理，但这毕竟是对“议行合一”党委领导体制的最早质疑和最具体的补救。

有授权，缺收权。权力失衡还表现在权力的授予上。按理，党和人民是权力的所有者，各级领导干部只是权力的使用者。权力所有者本可以对权力使用者进行有效的制衡，但由于缺少权力的收回机制，权力的授予通常成为一次性行为。现实情况表明，权力一旦授予，掌权者不仅拥有了权力的使用权，而且基本上也拥有了权力的所有权。之所以这么说，是因为如果一个人的权力能够长期使用甚至终身使用，那么，权力在这个人那里，使用权与所有权也就基本实现了合一。

其表现有三：

一是我们选拔干部程序之复杂，内容之繁琐，条件之苛刻，考察之空泛，不仅为中国历史所罕有，也为世界各国所仅见。其用心之良苦，用力之辛苦，无非是优中选优，选准人用好人，以便放心地授权予他，让他能长期地好好行使权力。由此观之，能下如此大功夫选拔任用干部，概出自授予权力的同时就很少考虑要收回权力。

二是权力一旦授予，只要不病、不死、不犯错误，权力就很难收回，突出表现是能上而难下。在如此程式化的考察下，入选者通常不会太优秀，因为考察中自会“去掉一个最高分”；当然，入选者通常也不会太差，因为考察中也自会“去掉一个最低分”。由于考察太苦，考察太累，考察成本太大，考察也太得罪人，为降低考察成本，权力之梯一旦准其通过，掌权者通常都会在不断拥挤的楼梯中论资排辈，拾阶而上。只要不错不病不死，想下也难。

三是权力一旦长期被占有，通常会出现两种情况。其一，如果想让权力使用者交出权力，大多得用大一点或实惠多一点的权力来换取；其二，长期占有权力者，通常会自觉或不自觉地产生权力所有者的感觉，甚至会有意识或无意识地将权力转让、假借给他人使用。而这两种情况，最能反映出有授权缺收权的权力失衡状况。

实际上，当打天下的老一辈无产阶级革命家相继退出领导岗位，我们完全有理由也有条件推行改革之初中央所确定的“老人老办法，新人新政策”。同时，在选人用人上，也没有必要搞那种“事倍功半”的所谓“精益求精”和“优中选优”，只要能从领导干部“能下”方向实施战略突破，必然就能收到事半功倍的效果。

（二）对领导干部的管理，有时失控

习近平总书记强调：治国必先治党，治党务必从严。推进全面从严治党，必须切实解决好管党不力、治党不严、失之于宽、失之于松、失之于软的问题。一些党组织对党员特别是党员领导干部的管理失控，表现有三：一是靠“人管人”而非靠“制度管人”的随意性；二是“上有顶，下无底”的权力自由裁量的膨胀；三是“上宽下严，内松外紧”的管理不到位。其核心则是党内民主发展的缓慢和党内制度建设的滞后。

党是政治组织而非经济集团和军事集团。党为了通

过武装斗争夺取政权，在特定历史阶段采用党务管理行政化是可以的；但执政后，特别是长期执政后，在管理上仍采用行政化管理则是不可取的。

毛泽东把“思想建党”放在首位的经验，多年来一直为我们所自豪，以致我们总认为主要是思想教育的精神力量，使我们得以打败敌人，夺取政权。在这个基本问题上，我们甚至忘记了“存在决定意识”，“物质第一性、精神第二性”等马克思主义基本原理和基础性常识。

其实，历史上我们思想教育成效显著，党的建设管理有方，实得力于充当载体的战争和运动。在28年夺取政权的武装斗争时期，有血与火的战争作为载体来约束和管理党的队伍；改革开放前，有频繁的政治运动作为载体来约束和管理党的队伍。当战争远去、运动不在的今天，制度作为管党治党的载体，在经历了相当多的实践特别是教训后，才逐渐被全党所认识。

执政前，我们只管过几十、几百、几千、几万、上百万党员；执政后，我们却要管理上千万、几千万党员。靠什么来管理？本来应该靠民主来管理，靠党内民主制度来管理。因为“党内民主是党的生命”；因为“这种制度问题，关系到党和国家是否改变颜色，必须引起全党的高度重视。”但我们一些地方和单位却选择了一种省事的做法，靠行政化来管理。结果，政治组织照搬行政化管理方式，党内民主受到严重冲击和影响。行政化，必然讲“层级”管理，党内就搞级别；行政化，必然讲命令，党内就强调履行义务多而保障党员权利行使少。党员教育，除了“三会一课”似乎不懂得还有别的形式；党员激励，除了职务提拔，似乎也缺少别的方法。

执政半个多世纪，一些地方和部门的党组织对党员特别是党员领导干部的管理，竟出现“党小组不会管，党支部不愿管，机关党委不敢管”的状况。于是，一些缺乏管理走上犯错误道路的领导干部，哀叹道：生（提拔）有人（组织部）管；死（处分）有人（纪委）管；中间（如何保证权力谨慎安全运作）无人管。

于是，泰山脚下的胡建学，官至市委书记（泰安市，地厅级）之后，竟然有“一览众山小”的感慨。他说：“官做到我这一级，就没有什么人能管得着了。”江西省原副省长胡长清，能够随意离开工作岗位去纵情声色，竟然有“牛栏关猫，进出自由”（喻牛栏缝隙之大）的感悟。沈阳市委原常委、常务副市长马向东竟然在任上17次去澳门豪赌，党的组织对他的约束管理如同“一张白纸”。湖北省天门市原市委书记张二江的生活作风，败坏得令世人咋舌。河北“第一秘”李真边腐败边升官，直升飞机都嫌慢。河南的三任交通厅长，边修路边捞钱，“前仆后继”搞腐败。

尤为突出的是，原沈阳客运集团总经理、20世纪80年代扬名全国的“十大青年改革家”夏任凡，建了一座私人庄园。庄园占地2078亩，耗资2000多万、修建历时三年，至案发时，仅完成“设计草图”的一部分。但就是这“一部分”，也以其辉煌闻名全国，被称为南有“红楼”，北有“夏宫”。这座“夏宫”就是腐败分子藐视监督的一个重要信号。

更为突出的还有两点：一是夏任凡竟然敢将奢华的庄园修建在自己的农村老家——沈阳市深井子镇金德胜村附近。腐败分子公然藐视党的组织、政权机关、司法机关，竟至如此猖狂。二是在夏任凡当任的最后一年里，这家国有企业亏损即高达1个多亿。沈阳客运集团党政、纪检机构健全，但长期以来并无人对夏任凡的所作所为提出过质疑。客运集团党委副书记、纪委书记直言：“有些问题不可能一点没有迹象，但我们当时只是想，反正不是我们的事，谁违纪犯法谁自己去担。而且，咱想管人家也管不了呀！”

由此可见，对“一把手”管理失控的现象，绝非个别。

（三）对领导干部的监督，有时失效

改革开放前期的25年，从某种角度可以说是放权的25年。中央将权力下放地方，由于“议行合一”的体制并未改革，地方在得到下放的权力同时，却没有得到及时有效的监督，以致一些地方和部门的“一把手”可以很方便地将下放的权力据为己有。由此出现一种奇特的权力反向运动——中央向地方各级组织放权，而地方各级组织的权力却向个人（主要是“一把手”）集中，这使一些地方和部门对领导干部特别是“一把手”，大范围地出现了三个“基本”，即：事前基本没有监督，事中基本缺乏监督，事后基本不是监督。

原因何在？这同我们的监督原理有关。从监督学角度来看，所有同体监督都是一种低效甚至无效的监督。而我们都是同体监督，多年来几乎所有党政主要领导的腐败问题都不是由同级纪委检举揭发出来的。它折射的就是我们制度的问题，降低了监督的有效性，延误了监督的及时性，也折射出同体监督体制的无力和无能。这个就是缺乏异体监督的体制性弊病。我们各级领导讲话时，喜欢用这样一句话：主流是好的，大多数是好的。此话不错，但如果以此立法规，建制度，则未必可取。

实践证明，法规、制度如果把监督、管理的对象假定为“小人”，虽然情感上有些不舒服，但制订的法规制度，监督管理起来可能有效而且管用。法规、制度如果把监督、管理的对象假定为“好人”，情感上尽管很舒服，但据此制订的法规典章，监督管理起来却相当吃力并很难实现“管用”。

受现行监督体制制度的束缚，一些地方和部门在监督实践中常常出现这样三种现象。

1. 看得见的管不着，管得着的看不见——所以不好干。必须承认，这是客观现实，无须回避。但也绝不能因看得见管不着而闭眼不看，或见而不管。而应当“居庙堂忧其君，处江湖忧其民”。

2. 顶得住的站不住，站得住的顶不住——因之干不好。虽然有这种现象，不必粉饰，但也不能自挫锐气，站而不顶或顶而不站。而应当砥柱倚天柱中流。

3. 干得好的上不去，上得去的干不好——有的不干好。对工作绩效与职务升迁不同步的状况，毋容讳言。但也不能放弃职责，随波逐流，而应该“位卑未敢忘忧国”，“苟利国家生死以，岂因祸福避趋之”。从加强党内监督来看，“议行合一”成为党内监督的严重障碍。尽管党的全国代表大会赋予纪委“对同级党委及其成员实行党章规定范围内的监督”的权力，但在现实生活中，这是难以实行、甚至不可能实行的。其原因有以下几点：

一是党代会闭会期间，党委代行党内立法、决策的职权，党章规定纪委负责“检查党的路线、方针、政策和决议的执行情况”，但却没有授予其检查各级党委制定方针、政策的权力（“党章规定范围内的监督”实际指的就是对执行权的监督）。

二是作为党内执行机关的党委，从理论上讲，纪委对其“执行权”可以进行监督。但在实践中，又有哪个纪委能随时分清“议行合一”的党委什么时候行使的是“执行权”，什么时候行使的是“立法决策权”？还有，监督稍有不慎，就可能越权越位。

三是党章规定了纪委要接受同级党委的领导，面对“议行合一”的党委领导体制，又有哪个纪委和纪委书记说得清，应该在何时对同级党委进行监督，应该在何时接受同级党委的领导？

四是“议行合一”的党委领导体制，加大了监督职能机关对其监督的难度。因为对决策的监督和对执行的监督，应该分别是党代会和纪委会的职责，但在党委决策与执行合一的情况下，两种监督的分工和协调难以操作。

五是目前纪委成员的提名、任命、调动和待遇等决定权都握在同级党委手中，这种体制上的局限性，决定了纪委对同级党委及其成员监督的不力、不到位的必然性。

由此，形成了纪委监督的“四多四少”，即：对下级制约多，对同级监督少；对个人制约多，对组织监督少；形式监督多，实质制约少；被动监督多，主动制约少。

在宏观上，各级纪委几乎从无监督、检查同级党委对党的路线方针政策的执行情况；在中观上，各级纪检机构几乎无不在人、财、物权上受制于同级党委；在微观上，各级纪委书记几乎无人按“党内五项监督制度”越级向上级纪委报告同级党委书记违法乱纪行为。

因此，自地方各级纪委重建以来，在查处的众多腐败案件中，基本上没有同级纪委检举揭发同级党委主要领导和党委班子违纪违法行为的案例。对胡建学、许运鸿的违纪违法甚至犯罪，泰安市纪委和宁波市纪委，只能看在眼里，闷在心里。

没有经常的监督，必然经常滋生缺点；没有及时的监督，必然延误错误的发现；没有有效的监督，必然难以挽救失败。监督上的这“三个没有”，既是“议行合一”体制设计的弊端所致，也是现行党内监督体制亟须改革的原因所在。

英国历史学家艾克顿有一句流传甚广的名言："权力倾向于腐败，绝对的权力倾向于绝对的腐败。"权力之所以倾向于腐败，是因为权力来自社会公众，却又带着一种日益同社会公众相脱离的本能倾向。而权力想要把这种倾向变为现实，则必须求助于腐败。因为，只有腐败，才能解开权力同社会公众相连接的纽带；只有腐败，才能使权力同社会公众相脱离。而腐败的主要作用则是削弱乃至丧失权力的免疫功能。失去免疫功能的权力，也是失去监督、没有制衡的绝对权力。这种绝对的权力当然也就绝对地要倒向腐败。

前苏联部长会议主席尼·雷日科夫引用过一句名言——"权力应当成为一种负担。当它是负担时就会稳如泰山，而当权力变成一种乐趣时，那么一切也就完了。"苏联之所以解散、解体，其中一个重要原因是，权力在相当多的领导干部那里，早就是一种乐趣而不是什么负担了。要防止腐败，对于各级领导干部来说，必须加强监督，使权力成为一种负担，而不是一种乐趣。

马克思有一著名论断："批判的武器不能代替武器的批判，物质的力量必须用物质来摧毁。"沿着这一思路，我们可以推导出：监督的权力不能代替权力的监督，失去监督的权力，必须用加强监督的权力来制衡。

（四）对领导干部的教育，有时失误

邓小平同志曾指出，“最大的失误是教育”。教育的失误主要表现在三个方面。

首先，忽视教育的主体。领导干部是教育的主体，承担着教育广大党员群众的任务。但历史经验证明，要完成这一任务，教育者必须先受教育。而现实存在的问题是，相当部分的领导干部，尽管承担了教育的任务，但不仅没有先受教育，多受教育，反而少受教育（有的领导甚至是相当年轻的市县长、市县委书记，不光教育讲稿要由别人捉刀代笔，甚至连思路、提纲都懒得动嘴动脑），后受教育（等到受处分或在狱中写交代时才受教育）。

由此可见，加强对领导干部，特别是主要领导干部教育，是解决教育失误的当务之急。有鉴于此，反腐倡廉教育，要以各级领导干部为重点，以树立马克思主义的世界观、人生观、价值观和正确的权力观、地位观、利益观为目标，以艰苦奋斗、廉洁奉公为主题，以更好地做到立党为公、执政为民为目标。

其次，忽视教育的载体。在新世纪新阶段，我们不

知道拿什么来替代昔日的战争和往日的运动，充当今日教育的载体。我们引为自豪的思想教育传统，由于没能及时找到新的、有效的教育载体，导致虽然下力很大，但收效甚少，教育的效果更是不敢恭维。尽管我们不间断地开展过各种教育，如《准则》教育、整党教育、学党章教育，以及“三讲”教育、保持先进性教育等，但由于缺乏以健全的制度为载体，教育效果常常大打折扣。“有的干部刚刚提拔上来，或者刚刚经过考核考察和‘三讲’教育，就发现有重大问题。”（江泽民《论“三个代表”》第118-119页）

最后，忽视教育的主要内容。一些地方和部门，虽然认识到解决思想问题要与解决实际问题相结合，但在面对广大受众进行教育的时候，却并不清楚——所谓思想教育主要是民主与科学的教育（也就是五四运动就宣传的“德先生”和“赛先生”），所谓实际问题主要是利益的问题。当前，教育要解决的主要是不少党员群众普遍存在的权利观缺失而导致义务感缺乏的问题。一些地方和部门对党员的教育，常常只重视开展要求党员履行义务的教育，而忽视进行保障党员权益、正确行使党员权利的教育。

其实，党性觉悟，首先来自党员的民主权利意识；

履行义务的内在动力，主要来自党员对自身民主权利的实际保护。只有党员基本的民主权利得到尊重和保障，党员履行义务的自觉性才会不断提高。党组织的凝聚力，党员领导干部的威信，既要在党员群众履行义务、服从组织决定中树立；更要在“改革和完善党内选举”“参加关于党的政策问题的讨论”等发展党内民主的实际活动中通过党员充分行使权利来培养和强化。

俄共执政初期，在大军压境的情况下，列宁仍然坚持用民主的方法对是否签订《布列斯特条约》在俄共党内进行了广泛讨论和多次表决。陈云同志在重建后的中央纪委第一次全会上，专门讲了此事，以论证党内民主在党内政治生活中的重要性和必要性，意在教育全体中央纪委委员珍惜、维护、发展党内民主。实践证明，只有真正懂得“党内民主是党的生命”的深刻内涵，才能在自觉充分行使党员权利的同时，认真负责履行党员义务并将两者高度统一。

被有关媒体称为“中共首次县级党代会直选”的四川省雅安市雨城区和荥经县，就开展党代会常任制试点。让广大党员在行使权利中增强义务，在党内民主的实践中学会民主，是最实际最生动最有效的教育。

（五）没有他律的自律，常常失灵

马克思曾说过一句名言：“一旦有适当的利润，资本就胆大起来。如果有 10% 的利润，它就保证到处被使用；有 20% 的利润，它就活跃起来；有 50% 的利润，它就铤而走险；为了 100% 的利润，它就敢践踏一切人间法律；有 300% 的利润，它就敢犯任何罪行，甚至冒绞首的危险。”（《资本论》第 823 页）

资本如此，权力何尝不是这样？当权力失去 20% 的监督时，它就蠢蠢欲动；当权力失去 40% 的监督时，它就忘乎所以；当权力失去 60% 的监督时，它就破门而出；当权力失去 80% 的监督时，它就敢以身试法；当权力失去 100% 的监督时，它就不怕上断头台。

正如在资本原始积累期间，没有谁会幻想用自律去要求资本家放弃对巨额利润的追逐。在权力牟利空间如此之大的社会转型期，企图用自律去劝说掌权者放弃权钱色的诱惑，同样靠不住。而我们在相当一段时间对这种“靠不住”没有及时想明白，以致犯了三个错误。

一是想用“优选”去防错。我们采用最复杂的方式去解决最简单的选人和用人问题。结果，越选拔考察，越耗时费事，越复杂多变，越心里没底。据改革开放以来公开报道的高级干部违纪违法案件分析研究表明：1992年之前，在干部选拔考察的方式还没有大的改进时，所查处的17起省部级领导干部违纪违法案件中，无一人边腐败、边提拔。1993年至2002年，干部选拔考察方式虽有程式化的改进，却缺乏实质性的推进。据对此间所查处的37件省部级领导干部违纪违法案件研究分析，有22人属于边腐败边提拔。（中国社科院、清华大学“国情研究中心”《国情报告》2003年第25期）

二是想用“自律”去改错。改革开放以来的实践证明，腐败分子几乎无人通过自律去认错、改错。因为如果他们能够自律，也就不会腐败了。道理如此简单，我们却对领导干部的“廉洁自律”寄予了过高的期望。不切实际的期望越大，失望必然也越大。领导干部“廉洁自律”也因之成为反腐败斗争中最为薄弱的一环。

三是想用“自省”去纠错。领导干部廉洁自省的本意很好，作为反腐败三项格局中的一项也没错。问题不在自省上，而在我们的自省没有“他律”作基础。尽管各级领导干部辛辛苦苦地学习、对照、汇报、填表，但实践证明，没有“他律”的自省是靠不住的。胡建学如此，胡长清也如此；王宝森如此，王雪冰亦如此；成克杰如此，程维高还是如此。

这两年反腐查出的“帮派共主、塌方式腐败”就是权力结构不科学导致的典型结果。

“秘书帮”“石油帮”这种帮派现象已经“公开化”。

2014 年 12 月 29 日的中央政治局会议，提出“党内决不容忍搞团团伙伙、结党营私、拉帮结派”。从现实来看，这种拉帮结派现象，确实从“深潜”转向“浅潜”甚至干脆浮出水面。在一些政治生态恶化比较严重的地方，这种腐败现象已经从不公开到半公开，甚至到了公开的地步。

20 世纪 90 年代，一些地方官场就流传一句话，叫“入党不入伙，等于白忙活”；到了 2000 年之后，又开始流传两句话：“进圈子不进班子，等于进了班子；进班子不进圈子，等于白进班子”。这种变化从侧面印证，“帮派现象”已经公然出现了。

或许有人认为，“议行合一”的党委领导体制由来已久，它曾帮助我们顺利度过了战争年代和共和国建设的初期，继续沿用，似无大碍。其实，只要认真分析和思考就不难发现，是血与火的战争和频繁的政治运动，作为保持党内民主，维系党内监督的载体，或弥补或缓解了“议行合一”的党委领导体制的弊端，使党内民主虽然脆弱却得以延续下来。

担负伟大使命的中国共产党人，如何适应社会主义市场经济的新形势，如何巩固党的长期执政地位，如何带领近 8800 多万党员以习近平总书记系列重要讲话精神为指导，通过建设新的“伟大工程”去推进中国特色社会主义的“伟大事业”，都离不开发展党内民主。因为“党内民主是党的生命”，加强党内监督，其目的是加强党的肌体；发展党内民主，其实质就是发展党的生命。

对“五失”的认真反思，使我们清醒地看到问题和解决问题的关键之所在——必须把制度建设作为党的根本建设。而当务之急，就是改革“议行合一”的党委领导体制，科学分解合理配置党内权力。

实践证明，没有以制度为载体的民主，常流于形式；缺乏以制度为保障的监督，易走过场。《党内监督条例》的修订将对我们的制度建党、制度反腐进程产生深远影响。

可以说，随着权力结构的改革和完善，将有利于发展党内民主，加强党内监督；将有利于保证看得见的管得着，顶得住的站得住，干得好的上得去；将有利于使权力成为一种负担而防止其成为乐趣，这就是面向新时期，我们在开展反腐败斗争中有可能做得更好的关键所在和基础所在。

探索共产党执政之规律，总结“五失”之教训，要求我们必须大力弘扬求真务实精神，大兴求真务实之风；要求我们必须在发展党内民主，加强党内监督上破题；要求我们必须以制度的创新来保证在全党大力弘扬求真务实精神，大兴求真务实之风。而发展党内民主，加强党内监督，就必须走制度创新之路，就必须认真研究并切实解决“议行合一”这个我们曾试图解决却又失之交臂的体制问题。

党的思想、组织、作风和执政能力建设的成熟，不仅表现于理论，而且更体现于制度；党风廉政建设和反腐败斗争的成功，不仅取决于加大力度，而且更决定于健全制度。已经执政半个多世纪并将长期执政中国共产党清醒地懂得：“不坚决惩治腐败，党同人民群众的血肉联系就会受到严重损害，党的执政地位就有丧失的危险，党就有可能走向自我毁灭。”

三、当前权力结构失衡的历史原因

权力失衡的制度性遗憾，以历史观来考察，不难发现有其历史原因：一是源于我国封建社会监察制度中的消极因素；二是源于老祖宗们对共产党执政缺乏必要的实践经验。

（一）我国封建社会监察制度中的消极因素

1. 封建监察制度的产生和演变

中国历史上较完备的监察制度始于秦代。秦始皇在中央设立御史府，长官为三公之一的御史大夫，负责监察百官，箝制丞相；地方各郡设郡监（监郡御史），直接隶属中央的御史大夫。秦始皇的这套监察体系对防止六国复辟和控制地方政权发挥了积极的作用。即使在秦末，因秦暴政，农民起义风起云涌，但“时则有叛人而无叛吏，人怨于下而吏畏于上”，秦朝官吏起而反秦的极少。

“汉承秦制”。公元前 192 年，相国曹参奏请派御史监三辅，部分地恢复了秦朝的御史监郡制度。公元前 106 年，雄才大略的汉武帝对监察制度进行了大的改革。首先，将全国分为十三部监察区，叫十三州部。各部设刺史一人，以郡守、尉和王国相以及“强宗豪右”作为重点监察对象。其次，汉武帝手定六条，明确了监察的具体内容——“以六条问事”。再次，部刺史一年一任制，直接由中央领导，不受地方干涉。设立刺史使得“小大相制，内外相维”，更便于中央监察了。西汉后期，作为监察官的刺史，“不循守条职，举错各以其意，多与郡县事”，开始演变为拥有行政权的地方长官。到东汉灵帝时，刺史不但居于郡守以上，而且还督率郡兵，一些重要地方的刺史还改称州牧，一州军政大权尽为刺史（州牧）所有。不但初步形成州、郡、县三级地方行政体制，而且还开东汉末年刺史（州牧）“专权裂土”，拥兵割据之渐。十三部监察区演变为位于郡县之上的地方行政区——州，监察官刺史演变为地方最高行政长官——州牧，监察制度名存实亡。由此开始了长达三百余年的分裂割据局面。

魏晋南北朝时期，各国也采取了一些措施来加强监察制度。如让御史台从少府独立出来，设立“典签”等。

短暂的隋朝虽然正式颁布和确立了御史台的职官名称和组织体系，然而它还来不及对监察制度有较多的建树便灭亡了。随之而来的唐朝不仅重建了汉朝监察区（唐太宗分全国为十道，每道设监察御史一人），而且还将监察制度向前推进了一步。

首先，是监察权限的扩大。“自永徽以后，大狱以尚书刑部、御史台、大理寺官杂按。”监察的范围由行政扩大到司法，并且还负责“监军旅”，“审功赏”，“莅太仓、左藏库”。军队将领、财经部门也受到强有力的监督。同时，“东推”“西推”“三司推”的设立，还分割了刑部一部分司法权和大理寺的一部分审判权。

其次，重视监察官的素质。唐文宗说："御史台朝廷纲纪，台纲正则朝廷理，朝廷正则天下理。"唐朝对监察官的要求高。文化程度一般要求为明经或进士出身，实际能力要求经过具体政务工作的锻炼。"其御史须曾任州县理人官者，方得荐用。"思想素质要求刚直不阿，疾恶如仇，"凡所取御史，必先质重勇退者。"

再次，分工更为具体化条理化。御史台下分台、殿、察三院。台院"掌纠举百僚及入阁承诏"，审查官员犯罪案件。殿院"掌殿廷供奉之仪"，及京城纠察。察院"掌分察百僚，巡按州县。"同时还改变了秦汉时有谏官而无谏官的专门机构的状况，门下省遂成为以谏议为主要职责的中枢机构之一，并授其封驳权。较为完善的唐代监察制度，在帮助唐朝达到封建大帝国极盛顶点的过程中，确实起到了极重要的作用。唐太宗被称为善于纳谏的明君，"贞观之治"遂成为中国封建社会的极盛之世。但是，由于唐朝始终没有设置类似秦朝郡监那样的地方监察官来实行平行监察，以致后来节度使权重一方，拥兵自为，中央对其逐渐失去控制，遂成尾大不掉之势。因而当潜伏危机加剧之时，盛唐的末期便出现长达八年的"安史之乱"。中晚唐时，更是一派藩镇割据，军阀林立的局面。中国又陷入第二次大分裂时期。

宋朝，吸取其经验教训，对过去的监察制度加以改善。在中央设立御史台及谏院，以“纠察官邪，肃正纲纪”为已任，并将全国分为十五路，每路设转运使和提点刑狱等官，负责监察地方，统称“监司”，实行由上而下的监察。在诸州则设立通判一职，号称“监州”，实行平行监察，完全改变了中唐以后对地方控制不力的状况。地方的军、政、财权及司法权都收归中央，地方无力与中央抗衡。因此宋朝虽处于封建社会的下坡阶段，且又“积贫”“积弱”，却没有出现藩镇割据的分裂局面。溯其根源，宋朝监察制度的加强乃是其重要原因之一。

元灭南宋后，仍“遵用汉法”也设有御史台负责监察，但所谓监察不过是民族歧视、民族压迫而已，起不到澄清吏治的作用。到了元末，政府卖官鬻爵、贿赂公行，各级官吏更是巧立名目，拼命搜刮，甚至连监察官也是“所至州县，各带库子检钞称银，殆同市道。”

明清两代进入封建社会的末期，为了维持气息奄奄的封建王朝，明清两代把皇权提到无以复加的高度，建立了史无前例的封建专制的高度中央集权制政权。明初就废掉宰相，后改御史台为都察院。为加强其监察职能，下设若干监察御史。在朝则监视百官，出则为巡按御史。

纠劾地方官吏，监察民情。地方又分设“三司”，相互箝制。明朝统治者对历代沿袭下来的这套监察体系还不放心，从朱元璋起就设有特务机构——锦衣卫，作为监察制度的补充。后又设东厂、西厂，与锦衣卫合称“厂、卫”。这种以宦官为统领的特务机构逐渐取代了监察机构的职能，越来越得到最高统治者的信任，宦官也逐步被委以“出使、专征、监军、分镇、刺官民隐事”等大权。特务横行、宦官专权的结果，只能加剧政治腐败和社会黑暗。明朝终于被李自成的农民起义军推翻。

清朝处于封建社会垂死挣扎阶段。为维护其统治，专制皇权发展到极点，监察制度的一切积极作用几乎荡然无存。到康熙初年，干脆废除了巡按御史制度，“事权尽归地方的总督或巡抚”。雍正时，又将在明朝还能起到上书言事，评论朝政作用的六科给事中改隶都察院，给事中这类“言官”的权力也大为削弱。自此六科不再是独立机关。随着六科给事中封驳权力的废弛，历史上封驳制度的影响也不复存在了。监察制度的削弱给贪污腐化提供了极有利的机会。军机大臣和珅当政20余年，占田8000顷。嘉庆时抄其家私，估银约8亿两，超过乾隆年间所耗军费的8倍。广东巡抚百龄到任不足一年，占田达5000顷。腐朽的清朝到末期养肥了一大批地方割据势力。武昌起义一声枪响，在结束最后一个封建王朝的同时，中国又一次陷入军阀混战局面。

从秦朝的建立到清朝的覆灭，在这漫长的历史时期，中国经历了多次大风大浪，但这古老的国家却始终没有被分裂。如果单从政治制度上分析，可以说正是中国完备的监察制度在维系这大一统的国家中巩固中央同地方的联系上发挥了积极作用。

2. 封建监察制度的历史局限

作为“耳目之司”的监察机构，既受命于皇帝，也决定了它必然听命于皇帝，其御用性表现极为突出，局限也较为明显。

首先，御用性决定了监察制度对皇帝的依赖性。

一是监察作用的大小，依赖于皇帝政治上的开明程度。汉武帝励精图治，雄才大略，这一时期监察制度最为完备，能很好地发挥作用，涌现出大批杰出的监察官。如廉洁耿直，为御史大夫七年，死后“家产直不过五百金，皆所得奉赐”，出葬时“载以牛车有棺无椁”的张汤；精于财经管理的御史大夫桑弘羊；以及为官“均称其廉平”的御史赵禹，还有“斩伐不避贵戚”的御史尹齐，等等。经过他们的努力，汉初严重的诸侯王割据势力基本上被削平了，地方豪强势力大都被铲除了，军队和地方政权被有效地控制住了。土地兼并得以减缓，吏治得以澄清，中央政权得以有效地控制地方，政令得以迅速施行，“有罪得以黜，有能得以赏。朝拜而不道，夕斥之矣；夕受而不法，朝斥之矣”，国势因之强盛。唐玄宗在后期失去进取心，不理朝政，先偏听于权相李林甫，后轻信于外戚杨国忠。监察机构得不到皇帝的信任，只得在权相、外戚、节度使的夹缝中求生存，不能发挥其职能作用。有的监察官诤谏受打击，弹劾遭迫害；有的监察官卖身作走卒，投靠充耳目。“口蜜腹剑”的李林甫，“自专大权，明召诸谏官谓曰：‘今明主在上，群臣将顺之不暇，乌用多言！诸君不见立仗马乎？食三品料，一鸣辄斥去。悔之何及！’”补阙杜琎“上书言事”，被“黜为下邽令”，监察御史周子谅弹劾李林甫引荐的工部尚书牛仙客，竟被“爆于殿庭”，“杖之朝堂”，“流瀼州，至蓝田而死”。“自是谏诤路绝矣”。杨国忠“既为相”，“公卿以下，颐指气使，莫不震慑”，“台省官有才行时名，不为己用者，皆出之。”御史台竟成为杨国忠专权的工具。天宝十二年“水旱相继，关中大饥”，杨国忠隐瞒灾情，“扶风太守房琯言所部水灾，国忠使御史推之。是岁，天下无敢言灾者。”河东太守兼本道采访使韦陟“文雅有盛名”，杨国忠“恐其入相，使人告陟赃污事，下御史按问。”御史中丞吉温投靠安禄山充当耳目，“凡朝廷动静，辄报禄山，信宿而达”。监察既无力发挥其制约作用，佞臣专权，吏治混乱，兼并加剧，藩镇割据，势在必然。

二是监察官员的生死荣辱依赖于皇帝的喜怒好恶。汉朝御史大夫张汤堪称汉武帝的一大得力助手，为汉武帝时代国势强盛，社会繁荣，政权稳定，百姓安乐立下了汗马功劳，深受汉武帝赏识。然而，当汉武帝轻信谗言，张汤这“天子大臣”最终在朱买臣等三长史的合伙谋害下“被恶言而死”。事后汉武帝醒悟，虽“尽诛三长史”，然张汤毕竟不能死而复生了。唐朝御史中丞魏元忠“政号清严”，疾恶如仇，为奸佞所陷，失去皇帝信任，“前后三被流”，甚至有一次已押赴刑场，几乎问斩。然而“于时人多称其无罪”。武则天对其屡遭诬陷感到不解，魏元忠答道：“臣犹鹿也，罗织之徒，有如猎者，苟须臣肉作羹耳。此辈杀臣以求达，臣复何辜。”

监察制度的依赖性是专制王权造成的，因而离开了皇帝这把保护伞，监察制度不但难以发挥作用，甚至连保护自己都办不到。唐睿宗曾说过：“鹰搏狡兔，须急救之，不尔必反为所噬。御史绳奸慝应亦然，苟非人主保卫之，则亦为奸慝所噬矣。”

其次，监察制度的御用性决定其缺少人民性。作为御用工具的监察机构，它必须听命于皇帝，服从于皇帝，以皇帝的意志为转移。尽管有时的诤谏看来是为国为民，有悖于皇帝的旨意，但那大多也是为皇帝长远利益作想。在封建社会里，再杰出的监察官都很难自觉地把向皇帝负责同向人民负责结合起来，统一起来。因为阶级地位决定他不可能，也不会这样做。严惩贪官污吏，铲除地方豪强，的确利国利民，但这些做法的出发点和归宿点大多还是主观上为君，客观上为民。在历史上常常看到，当替人民说话与向皇帝负责相矛盾、相冲突时，大多数是前者让位于后者，即使是比较杰出的监察官也在所难免。由于监察制度缺少人民性，因而它只可能实行由上而下的监察，或平行监察，而不可能进行由下而上的监察。秦朝的监郡御史和宋朝的通判实行平行监察，虽效果显著，却难免势单力薄。汉朝、唐朝等朝的巡察大员虽大权在握，却难免浮光掠影。没有人民自下而上的监督，再完备的监察制度也会有相当多的漏洞和弊端，不但难以防患于未然，而且难以制患于已然，并且还会由于人民性的最终蜕尽而被人民抛弃。

再次，监察机构的御用性决定监察权限的不确定性。皇帝凭个人意志行事，是造成监察权限不确定的主要原因。汉朝刺史以“六条问事”，唐朝按察使“以六条查四方”，监察权限可谓得当。宋朝皇帝为了削弱相权和加强对地方的控制，片面吸取中唐朝以后“君弱臣强”教训，赋予监察官过大的权限。在中央，御史和谏官们可以任意纠弹执政大臣。宋仁宗时，谏官、御史以小事弹劾，使 9 名宰相被罢免。宰相刘沆深有感触地说:“自庆历后，台谏官用事，朝廷命令之出，事无当否悉论之，必胜而后已，专务抉人阴私莫辨之事，以中伤士大夫。执政畏其言，进擢尤速。”以致有人慨叹：“宰相但奉行台谏风旨而已。”在地方，通判又“常与知州争权。每云：‘我是监郡，朝廷使我监汝！’举动为其所制。”由于皇帝支持监察官超越职权范围，过分干预行政权，结果造成政事混乱，行政官吏无所适从。当皇帝不信任监察机构，或皇帝被人操纵时，监察权限又极度缩小。唐朝由盛转衰，唐玄宗以后的皇帝，把维持其统治权的希望寄托在与他朝夕相处的宦官身上。原作为皇帝耳目风纪之司的监察机构逐渐被疏远，监察权限大为缩小；而宦官则被当作唯一可靠的人，权限也越来越大。于是，唐玄宗时，有宦官高力士操纵朝政；唐肃宗时有宦官李辅国控制兵权。皇帝宠信宦官，对其言听计从，宦官凭借其掌握的军政大权，进而控制并摆布皇帝。“宦官气益盛，迫胁天子，下视宰相，陵暴朝士如草芥。”晚唐时唐宪宗和唐敬宗先后死于宦官之手。唐宪宗以后有 7 个皇帝为宦官所立。连文宗都自叹受制于家奴，监察机构对宦官的专权自然无可奈何。明朝末年也是这样，国家政权为宦官权贵所操纵，监察官自然成了他们的眼中钉。监察官一经罢免就不再补充。在万历年间竟出现“都御史数年空署”的咄咄怪事，以至“职业尽弛，上下解体。”监察权限缩小的结果，导致中央集权削弱，政治腐败，政权瘫痪。当皇帝都成为任人摆布的玩偶时，作为御用工具的监察机构，监察权自然极度缩小，纠察权也因之大部丧失。

监察权限的这种不确定性是监察制度的致命弱点，也是封建社会各朝代政局不稳的一大重要因素。当皇帝让监察机构超越职权范崐围，粗暴地干涉行政事务时，就会出现政事处理上的一片混乱；当皇帝缩小监察权限，使监督和纠察难以发挥作用时，宦官专权，外戚干政，藩镇割据，贿赂公行则不可避免。

最后，监察制度的御用性，常常使监察官成为政治斗争的牺牲品。监察机构作为皇帝的御用工具，监察官常被派去应付最险恶的局势，处理最棘手的问题。在激烈而残酷的斗争中，难免树敌过多，并且每每由于皇帝在关键时刻的动摇而成为牺牲品。西汉御史大夫晁错为巩固中央政权，上《削藩策》，引起诸侯怨恨。险恶的政治局势，父亲的以死相劝，都没能动摇晁错削藩的决心。可是，当吴王刘濞发难，挑起“七国之乱”。叛军以“请诛晁错，以清君侧”为幌子威逼汉景帝时，汉景帝却首先动摇，听信晁错的政敌袁盎的谗言，决心牺牲晁错，企图以此换取刘濞退兵，于是将穿着朝衣的晁错斩于东市，其家“无少长皆弃市”。在激烈的政治斗争中，在被称为“明主”的汉景帝手下，连晁错这样“锐于为国远虑”的“智囊”，不避身家性命的最高监察长官都难免做屈死鬼，其他监察官的命运也就可想而知了。

监察制度的御用性所带来的种种不良后果是显而易见的：

一是监察机构职权削弱，君臣的主奴关系加甚。在汉唐，君臣还可以坐而论道，监察官对皇帝不但可以面谏廷争，甚至还可以抗颜拒制，行使封驳之权。而到明清，臣子却只能跪领圣旨。清朝雍正皇帝亲自撰写《朋党论》称：“人臣尤当以君心之好恶为好恶。”监察官在皇帝面前也只有唯命是从，唯命是听的份了。

二是监察官员鱼龙混杂，加剧斗争的残酷复杂。由于重要的监察官大多由皇帝亲自任免，而皇帝往往又是以其一己之见，独断之意任人，因而鱼龙混杂难以避免，内部斗争残酷复杂。唐朝武则天时，既涌现出御史大夫狄仁杰、监察御史李昭德等杰出的监察官，同时也出现御史中丞来俊臣等监察官中的渣滓、败类。对来俊臣“枉挠刑法，诬陷忠良”的行为，狄仁杰进行过斗争，李昭德更是“每廷奏其状，由是俊臣党与少自摧屈。”然而，狄仁杰、李昭德却先后被来俊臣诬陷下狱。“勤恪在公，强直自达”的李昭德后来竟“与来俊臣同日而诛”，“士庶莫不痛昭德而庆俊臣也。”

三是监察官员卖身投靠，成为宦官外戚的帮凶。监察机构的御用性决定它必须听命于、服从于皇帝一人。当皇帝受制于外戚时，有的监察官也就投靠外戚甘当走卒；当皇帝受制于宦官时，有的监察官竟然卖身宦官成为帮凶。东汉桓帝时，外戚梁冀“专擅威柄，凶恣日积，宫卫近侍，并树所亲”，“百官迁召，皆先到冀门笺檄谢恩，然后敢诣尚书”。司隶校尉祝恬等阿谀奉承，“咸称冀之勋德宜比周公”，由是梁冀“入朝不趋，剑履上殿”，“威行内外，天子拱手”。汉灵帝时，宦官独揽政权。宦官曹节、王甫等“操弄国权，浊乱海内”，世人无不痛恨。曹节、王甫以追查谣言为名让御史中丞段颖追捕攻击宦官的人。段颖格外卖力，“四出逐捕，及太学游生系者千余人。”

四是监察制度存在的弊端，自身难以纠正克服。由御用性造成的先天不足，是监察制度本身难以消除的。事实上，在“主独制于天下而无所制”的封建专制社会里，有什么样的皇帝，就有什么样的监察制度。汉武帝时代建立的御史府、司隶校尉、州刺史三套监察机构可谓严整，监察制度可谓完备，然而到东汉末年的昏君手中，御史台成为宦官外戚党同伐异的工具。严惩不法宦官，名震朝野的司隶校尉李膺竟被下狱致死。监察官——刺史竟演变为类似董卓等拥兵自为的地方割据势力。

监察制度的状况直接反映了皇帝的状况。监察机构只能在御用性的许可的限度内发挥作用。监察官员只能在皇帝的旨意下行使职权。

由此可见，监察机构对皇帝的依附性，监察制度的缺少人民性，监察权的不确定性、监察队伍的鱼龙混杂、监察官员成为政治斗争的牺牲品等局限，非监察制度本身所能克服纠正的。

（二）老祖宗们对执政缺乏必要的实践与认识

众所周知，145 年前，马克思根据巴黎公社 72 天的短暂执政实践，即在《法兰西内战》一文中指出，“公社不应当是议会式的，而应当是同时兼管行政和立法的工作机关”。

老祖宗对执政缺少实践认识，对权力学缺乏研究，加之后来者对经典著作个别论断的生吞活剥，照单全收，使得无产阶级政党在真正执掌政权之后，一直面临着权力架构上的先天不足。

其实，对马克思提出的“（公社）同时兼管行政和立法”（即前面提到的“议行合”，下文简称“议行合一”），列宁在执政初期的实践中，并未全盘照搬。列宁觉察到“议行合一”的不可行，在政权的建设上，列宁设立了类似议会的“苏维埃主席团”，使其与“人民委员会”的行政权相分立。在党的建设上，列宁也试图着手解决党内权力的分解，在俄共党内设立了决策机关——“党委会”，执行机关——“执委会”，监督机关——“监察委员会”。遗憾的是，面对复杂的国内矛盾和卫国战争，斯大林没能继续沿着列宁开创的科学分解党内权力的路子走下去，而是采用高度集权的做法来应对当时的燃眉之急。

应急的做法收到了应有的效果，然而应急的权宜之计却被当作长久之策沿用下来。由此，“一元化”的领导，“一把手”的体制，“一支笔”的做法，“一言堂”的局面便相继产生和发展。世界各社会主义国家执政党的权力架构，基本沿用了“议行合一”的领导体制。这一权力模式的运行结果，不仅造成了党内权力的高度集中，而且造成了民主的缺失和监督的乏力，并最终导致20世纪末世界社会主义出现严重曲折。

1949年之后，我党“议行合一”的权力架构，也给社会主义建设造成过严重伤害。20世纪50年代的反右扩大化、共产风、庐山会议反右倾、60年代到70年代的文化大革命运动以及80年代之后腐败的滋生蔓延……党内所发生的主要错误，都可以从“议行合一”的领导模式中找到体制性遗憾。

因此，解决我们党内的权力失衡问题，不仅能够有效反对并防止腐败蔓延，加强和改进党的建设，巩固和发展党的执政地位，还能给世界社会主义运动的执政党建设提供有益启示。

权力失衡，常常表现为“1”大于“2+3+4……”

作为党内立法决策机关的党委，本该实行民主集中制；作为执行机关的党委，本该实行首长负责制。党委定位于“议行合一”机关，将决策权、执行权集于一身。由于该分的权力没有科学地分，致使个人专断难以避免；又由于该合的权力没有合理地合，导致决而不行的状况频繁出现。因此，什么时候应该用“民主集中制”去研究党内立法、决策问题，什么时候应该用“首长负责制”去决定党的方针、政策的执行问题，每每使作为“班长”的党委书记大伤脑筋。

由于执行权是最为经常、最为集中、最为具体的权力，由于调动常委“一班人”的智慧，也确实会发生七嘴八舌，莫衷一是的局面，又由于执行权特别强调责任与效率，因此，即使最民主的“班长”，在拍板的关键时刻，也不敢把自己的一票等同为普通一票，有时甚至必须等于或大于“一班人”票数之和。

基于这一客观现实，就不难理解建党 90 多年，为什么“民主集中制还没有成为严格的制度”（《邓小平文选》二卷 329 页）？为什么各级党委在执行民主集中制时那样难？为什么有的地方党委书记要兼任上级党委的常委？“议行合一”的党委领导体制下，“民主集中制”常常让位于“首长负责制”，成为党委书记首选的领导方式。这主要不取决于党委书记的个人因素，而更多地取决于体制制度因素。

建国以来，我们在党内民主方面虽然取得明显成绩，但由于过分依赖战争年代形成的“议行合一”领导体制、“一元化领导体制”和“一把手”的“一长制”领导体制，对如何科学分解党内权力，改革党和国家领导制度考虑不多。正如邓小平同志指出的那样：从 1957 年“反右”扩大化，到 1959 年庐山“反右倾”，“党和国家的民主生活逐渐不正常”，由此引发那场史无前例的“文化大革命”，给党和国家带来史无前例的十年浩劫。

在中国共产党内最早思考并认识到发展党内民主，强化党内监督重要性的是邓小平同志，最早想到需要着手改革“议行合一”的党委领导体制、以解决党内权力失衡的，也是邓小平同志。20 世纪五六十年代，我们党曾不止一次地试图科学分解党内权力。

1956 年，邓小平同志在党的“八大”《关于修改党的章程的报告》中指出“无论党内的监督和党外的监督，其关键都在于发展党和国家的民主生活”，为“把党的民主生活提高到更高的水平，党中央委员会在党章草案中，决定采取一项根本的改革，就是把党的全国的、省一级的和县一级的代表大会，都改作常任制，多少类似各级人民代表大会那样”，从而“使代表大会可以成为党的充分有效的最高决策机关和最高监督机关”，“使党内民主得到重大发展”。

为解决“议行合一”问题，他强调，在县以上党的委员会“都设立常务委员会和书记处”。当时，中央工作分一线、二线。县以上地方党委设有书记处，专门处理党内的日常工作，向同级党的全委会和党代会负责。邓小平同志在党的八大后担任总书记，是中央书记处总书记，而非中央委员会的总书记。中央委员会设主席，由毛泽东同志担任。向中央委员会负责并报告工作的还有当时的中央监察委员会，由董必武同志担任书记。

可惜，党的“八大”兴起的党内民主发展势头，因国际形势的变化而被中止，并在文化大革命中惨遭重创。

“文革”中冒出来的“中央文革领导小组”不仅在权力架构上重复了巴黎公社的“议行合一”领导体制，而且成为建党以来集权最多的中央机构。“中央文革领导小组”把“议行合一”体制提升到无以复加的高度。当时，中央委员会不复存在，中央监察委员会亦不复存在，中央书记处更不复存在，甚至连中央政治局及其常委会也“名存实亡”。各地夺权的造反派，在“中央文革领导小组”的支持下，甚至敢“踢开党委闹革命”。

1980年8月18日，在中央政治局扩大会上，有着三落三起非凡经历的邓小平同志深刻指出：要切实解决党内权力过分集中的问题。

党的十一届三中全会的功绩有三：一是确定了全党工作中心的转移；二是恢复了解放思想，实事求是的思想路线；三是在科学分解、合理配置党内权力上，迈出了坚实的步伐——确立了“领袖”是一个集体的原则，重建了党的各级纪律检查机关，为发展党内民主奠定了必要的基础，从而有力地推进了我们党和国家的民主政治建设。

改革开放以来，特别是近年来，随着党风廉政建设和反腐败斗争的不断深入，党内权力科学分解合理配置的改革和探索也在不断深化。统而言之，大体上是三个方面的分权。

一是全委会分权。通过全委会较多地参与重要干部的任免，从而逐渐分解常委会的“议行合一”之权。

二是票决制分权。通过“三重一大”（即重大决策、重要干部任免、重要项目安排和大额度资金的使用）问题必须经常委会或全委会集体讨论并无记名投票，从而较稳妥地分去“一把手”等于或大于班子票数总和之权。

三是党代会常任制分权。通过全国各地党代会常任制在市、县的试点和推行，积极并稳步地分常委会、全委会代行重大问题决策之权。

但是，也必须看到，不少制约党内民主发展，影响党内监督的深层次问题还没有触及。党内决策权、执行权、监督权还有待进一步科学分解，合理配置，各地还必须加快这方面的探索和改革。

四、如何构建科学的权力结构

改革开放30多年，一方面，中央对反腐败最为重视，态度最为坚决；而另一方面，反腐败形势依然严峻，任务依然艰巨。制度反腐已经成为“十八大”后政治体制改革的试金石。

从上来看，党中央对腐败分子从不手软，所有的腐败案件，小到普通党员干部，大到政治局委员，无一不是我们党依靠自身的力量严肃认真查办的。

从下来看，人民群众是腐败的直接对立者。近年来，随着网络反腐平台的不断发展，党的十五大确立的反腐败领导机制工作机制的最后一句“依靠群众的支持和参与”，工作越来越由虚到实，信息越来越由少到多，力量越来越由小到大。

有了上和下这两个积极性，反腐败就既有决心，又有动力。再加上我们30多年取得的巨大物质成果，只要以改革的精神继续推进制度反腐，就能打赢反腐败这一场没有硝烟的战争。

必须承认，在关系党和国家生死存亡的腐败问题上，我们党是敢于下重手的。但是，也必须承认，正如好诗的功夫在诗外，反腐的功夫也在案外。迄今为止，全世界没有一个国家和地区，单凭查办案件就把腐败遏制住的。反腐败的过程，既是查办案件的过程，更是制度建设的过程，特别是对权力制约乃至制衡的过程。

腐败与经济高速发展有关，但并不直接。与腐败最为直接相关的是权力。腐败就是公权私用，牟取私利。权力制约、制衡得好，经济高速发展，政治也能清廉；权力失衡、失控，经济发展速度不快，甚至倒退，政治照样腐败。

30 多年的反腐败实践证明：经济体制改革与政治体制改革不同步所拉开的缝隙，恰是腐败滋生蔓延并得以易发多发的生存空间。如果权力架构，或者说权力的生产线出了问题，再好的零配件送上去，也难以生产出合格产品。

事实证明，没有科学的权力结构，必然经常滋生缺点；没有合理的权力分解，必然经常发生错误；没有及时的监督，必然延误错误的发现；没有有效的监督，必然难以挽救失败。

如果权力过分集中的“总病根”不能得到根治，民主就难以生存，监督就难以有效，体制就难以健全。失去监督的权力，不仅容易腐败，而且也容易逃脱惩处。腐败一旦在较长时间、较大范围保持一种“出生率”大于“死亡率”的态势，就会在局部出现“人心思贪”的现象，就会在一些人中间生出“没有机会腐败”的喟叹，就会在部分人中出现“笑廉不笑贪”的心态。于是，称谓上，“书记”变成了“老板”，“老板”又变成了“大爷”。权力所内含的独占性、扩张性、排它性，在这“总病根”的催化下，对内形成强烈的封建式的人身依附关系，对外先滋生跑官要官，再蔓延成买官卖官，最后发展成骗官杀官。欲治其症，欲求其解，改革势在必行！

另一方面，国际共产主义运动实践特别是苏东剧变教训表明，制度最核心最具实质的是权力结构。新时期的制度反腐，必须是主体以新的权力结构（而非旧的权力结构）为载体而开展的反腐败斗争。健全有效的制度必然是科学合理的权力结构。以“议行监合一”为主要特征的权力结构，是权力变异和腐败的“总病根”。彻底根治“三权交易”等腐败现象，根本出路在制度改革，科学分解、合理配置党内的决策权、执行权、监督权，推行权力结构的类型转换，不断完善适合中国特色社会主义的权力结构，尤其是我们党内的权力结构。

现在，纪委难以监督同级党委。之所以难以监督，是因为地方各级党委是将党内决策权、执行权、监督权集中于一体，而在这一体之中，又往往集中于被称为“一把手”的一个人。

尽管在中央正式文件中还没出现“一把手”这个称谓，但如果不引起高层的足够重视，约束制衡其权力，“一把手”会凭借其越来越大的张力，最终“挤进”中央的正式文件。于是，常委会的召集人，演变成不再是一名普通成员的“班长”，进而再进化为凌驾于班子内所有成员的“一把手”。

（一）借鉴中国封建社会监察制度建设的历史经验

1. 封建监察制度的历史作用

中国封建社会中央集权制的稳定性，在经济基础上取决于土地属主的正常变动性，在政治制度上取决于各级官吏权力的相对不稳定性，在政治生活中取决于与之相适应的民主性。监察制度作为维护中央集权制的重要支柱之一，在维护中央集权制稳定性的这三方面发挥了重要的职能作用。

第一，减缓土地兼并，维护土地属主的正常变动性。

中国封建社会是同以封建地主土地所有制为主的生

产关系相适应的，并在新旧地主对土地所有权的不断更替中延续和发展。中国封建社会土地属主的正常变动，不同于西欧中世纪采邑制、领地制那种“安定垄断”。高度的中央集权制只能建立在土地属主处于不断更替的这一基础上，而不可能建立在西方中世纪那种“僵化”的大地产基础上。因为土地一旦大量集中，形成世袭垄断，“世卿世禄”就不可避免，就会以其经济和政治实力构成对中央集权制的威胁。两千多年来，土地兼并总是不断地破坏土地属主的正常更替，使土地越来越多并日益稳定地集中在少数大官僚地主、大商人地主及豪强地主手中，造成大量中小地主的破产和自耕农的逃亡，直接威胁到中国封建社会的经济基础。因此，减缓土地兼并几乎是中国历代统治者所面临的极其艰巨而困难的中心工作。

汉初到汉武帝的100年来，逐渐形成的大地主阶级愈演愈烈地土地兼并，破坏了原先土地所有权的正常更替。一些官僚地主凭借其政治势力，大肆掠夺土地。武安侯田蚡向窦婴强索长安城南田；淮南王安后荼侵夺民田宅；就连被称为“贤相”的萧何，也在关中“贱强买民田宅数千万”。尤其是“以末致财”的大商人，为“用本守之”凭借其数千万乃至上亿的资产，广置田宅，兼并土地，不但加速了农民的破产流亡，而且还“因其富厚，交通王侯，力过吏势”，助长割据势力。汉武帝敏锐地意识到这种正常更替被破坏，将会使大地主凭借其强大的庄园经济实力形成同中央相抗衡的割据势力，直接威胁其统治基础。为抑制土地兼并，消除由此产生的农业危机、财政危机和社会危机，制止土地兼并成为监察部门的一项重要任务。汉武帝手定六条的第一条，就是要求监察官员对“田宅逾制”的“强宗豪右”予以坚决打击。那些武断乡曲，横行州域，欺凌百姓，兼并土地的豪强宗室，如河内豪强穰氏、南阳豪强宁氏等，先后受到致命打击。御史大夫张汤更是果于决断，“排富商大贾，出告缗令。锄豪强并兼之家”。通过大规模的告缗，中央政府“摧浮淫并兼之徒”，“得民财物以亿计，奴婢以千万数，田，大县数百顷，小县百余顷，宅亦如之。于是商贾中家以上大氐破”。在这场抑制土地兼并，加强中央集权的斗争中，那些强宗豪右、富商大贾、不法二千石的经济实力和政治实力都受到致命伤。汉初大地主阶级严重的土地兼并状况得到缓解，破坏中央集权和瓦解封建经济基础的祸害暂时得到控制，保证了汉武帝时期政治局势的稳定和社会经济的繁荣。唐初为减缓土地兼并，一面实行均田制，一面让御史监督财经部门的工作。咸亨、垂拱年间以后，地方吏治日坏，土地兼并日甚，贫苦农民“有理者不申”，“合得者被夺”。大量农民“弃其井邑，逋窜外州”。或逃入山林，辟地耕种，或被大地主隐匿起来成为佃户、佣保。到开元年间，“时天下户口逃亡，免役多伪滥，朝廷深以为患。”公元721年，监察御史宇文融建议检察免役伪滥，搜括逃户。唐玄宗命宇文融充使推勾，随后陆续置劝农判官29人分赴各地，捡括逃户和籍外田。到公元724年，“得户八十余万，田亦称是”，得钱数百万贯。由于土地兼并在一定程度上受到抑制，中央政权也就得到相应的稳定，人力、物力、财力能较好地集于中央。明朝开国皇帝朱元璋强化监察机构，没收豪强土地为官田。仅“苏州一府，无虑皆官田，而民不过十五分之一。”可见，“豪家富人之田”大量被籍没充公。对无主荒田则“验其丁力，毋许兼并”。直到宣德年间，土地兼并也一直受到控制，“上农不过百亩，中下之农仅有其半”。宣德年间也因之成为明朝的繁荣时期。

第二，黜陟能否，澄清吏治，促使各级官吏权力的相对不稳定性。

如果说减缓土地兼并是着眼于经济基础，保护封建社会的基石，那么，监察制度在黜陟能否，澄清吏治上的作用，则是着眼于上层建筑，维护封建社会的政治制度。专制主义的中央集权制在中国封建社会得以长期稳定，这同各级官吏权力的相对不稳定性有着密切的关系。历史证明，官吏职务终身制和世袭制对中央集权是不利的。因此，“主有专己之威，臣无百年之柄”，为历代君王所信奉遵从。从表面上看，各级官吏权力的不稳定性是由皇帝的喜怒好恶所决定的，但实际上更多的是各种选官制和各朝都沿用的监察制，从政治制度上促成了这一不稳定性，从而维护了两千多年封建社会中央集权的稳定性。各种选官制源源不断地为历代的中央和地方政权提供新的官吏。

与此同时，又通过监察机构考察其政绩、才干、品质，对其中的不力或不法的官吏予以纠察弹劾，削职罢官，下狱治罪；对其中政绩突出，为官清廉的官吏，以及学识过人，才堪大用的士人，予以引进推荐，促使官吏队伍在升降、进出中进行正常的运动。汉武帝时，一方面建立察举制度，让郡国推荐官吏人选；一方面又设监察区，让十三个州部刺史在所辖监察区“省察治状，黜陟能否，断治冤狱，以六条问事”。各州部刺史对地方官吏的政绩、才干、品质及刑狱状况，每年要进行一次考核，年终奏上，作为皇帝对地方官吏予以升降的重要参考意见。于是，过去主要凭皇帝的好恶任免官吏的情况有所改变。各级官吏的权力虽然相对不稳定，但由于这种权力的不稳定性主要是以各级官吏升降的较有规律性为基础的，因而这种不稳定性不但有利于中央集权制的加强，而且还使各级官吏不至于为职务升降毫无规律而混事或胡来。严密的监察制度在澄清吏治，黜陟能否上发挥了重要作用，从而使汉武帝时官场风气之好，政府效能之高，永为后世称道。这一时期也成为封建史上“非常灿烂的一个时期”。明太祖眼见元末各级官吏贪污成风，贿赂公行所造成的严重后果，决心加强监察机构的职能。他不断派遣监察御史和巡按御史代表皇帝巡察各地，授权很大，“大事奏裁，小事立断”。洪武十八年，户部侍郎郭桓等吞没浙西秋粮一案被查出，官吏数百人被处死刑，下狱达数万人，追赃达 700 万石。这一大案的处理，震慑朝野，起到了整肃吏治的作用。唐代在任免官吏时，也很注意监察机构的考察意见。御史十道巡按“以六条察四方”既纠劾不法官吏，也考察官吏政绩，发现并推荐人材。狄仁杰为宁州刺史，为官清廉，政绩突出，“耆老歌刺史德美者盈路”。御史郭翰巡察宁州后，向朝廷推荐狄仁杰，狄仁杰于是被征拜为冬官侍郎，“充江南巡抚使”、“流死不避，骨鲠有彰”，久位公卿。侍御史张循宪出任河东采访使时，发现闲居乡里的张嘉贞“材堪宪官”，于是上报朝廷，“请以己之官秩授之”。经武则天召见，“与语大悦，擢拜监察御史”，“为政严肃”，位至宰相。唐朝不少大官名卿起初多由监察官发现、推荐才得以崭露头角干大事，或位列公卿，或名扬海内。

完善的监察制度通过“彰善瘅恶，激浊扬清”，使各级官吏权力的相对不稳定性与职务升降的较有规律性，得以较好地结合起来，从而在政治制度上保证了中央集权制的稳定。

第三，直谏纠劾，理冤请命，为专制主义的中央集权制带来点民主性。

中央集权制的巩固，不仅取决于土地属主的正常变动性，不仅取决于各级官吏权力的相对不稳定性，而且还取决于政治生活中有无适量的民主性。事实上，任何一种社会制度要存在下去，都必须有与其相适应的民主性。氏族大会、氏族议事会所体现的民主性是与氏族公社制度相适应的；王权与领主权的相对独立所体现的民主性，是与奴隶制社会以及中央集权制不发达的封建领主制社会相适应的；监督权与执行权相分立所体现的民主性，是与高度发展的中央集权制封建社会相适应的。在专制制度下，在朝廷是皇帝说了算，在地方是各级主要官吏说了算。如果没有适当的制度给这一高度专制体系带来点民主气息，可以肯定的说，这种中央集权制是会被窒息的。唐太宗在总结历朝兴亡时曾不胜感慨地说："自古帝王多任情喜怒，喜则滥赏无功，怒则滥杀无罪，是以天下丧乱，莫不由此。"

为了避免滥赏滥杀，偏听偏信，单凭喜怒好恶行事，为使封建统治不致被封建专制所窒息，中国封建统治者把增添点民主气息的使命交付给监察部门。在封建社会的政治生活中，监察制度也确实为专制主义的中央集权制带来一定的民主气息。

一是使皇帝偏听偏信有所克服。"自古帝王，以御史为耳目，以宰相为股肱。股肱废则不能用，耳目蔽则不能视。"监察机构一开始主要是作为皇帝的"耳目之司"，目的在于既可替皇帝监视各级官吏，又可让皇帝听取各种意见，以克服偏听偏信之弊。西汉御史大夫桑弘羊在朝廷上同皇帝召来的贤良、文学 60 余人，就坚持盐铁国营还是罢盐铁进行了激烈的"盐铁之议"，帮助汉昭帝明白了"今意总一盐铁，非独为利入也，将以建本抑末，离朋党，禁淫侈，绝并兼之路也"。终西汉一代，基本上未改变盐铁国营的政策。唐高宗时，"武侯将军田仁会与侍御史张仁祎不协而诬奏之"，唐高宗偏信田仁会一面之辞，“临轩问仁祎，仁祎惶惧，应对失次。”御史大夫韦思谦挺身而出，力诉张仁祎纯系无罪被诬，“辞辨纵横”，“高宗深纳之”。

二是对皇帝制法毁法有所制约。在皇权专制下，皇帝依仗至高无上的特权，对法律“或由喜怒，或出好恶，喜则矜刑于法中，怒则求罪于律外。”为维护封建法律的严肃性，监察官常常运用其抗颜拒制，谏诤封驳之权，提醒皇帝尊重法律，避免徇私枉法。唐高宗时，左司郎中王本立恃宠犯罪，受到高宗庇护。侍御史狄仁杰抗颜直谏，面折廷争：“陛下何惜罪人而亏王法？必欲曲赦本立，请弃臣于无人之境，为忠贞将来之戒！”高宗无言以对，王本立终于被下狱治罪，“由是朝廷肃然”。武则天时，“来俊臣构陷狄仁杰、李嗣真、裴宣礼等三家，奏请诛之”。大理寺卿王德裕等“虽知其枉”，但由于畏惧武则天的孤行专断，害怕招罪惹祸，只得“并从俊臣所奏”，给事中李峤却以“岂有知其枉滥而不为申明哉”的大无畏精神，“列其枉状”。尽管“由是忤旨，出为润州司马”，但狄仁杰等人却免遭杀害。

三是使各级官吏不至过分独断专行，为非作歹。监察机构对皇帝是“耳目之司”，对各级官吏则堪称“风宪之司”。它“风行霜烈”，按剑廷叱，对各级专断及不法官吏有着巨大的震慑作用。西汉时，大将军霍光专断擅权，“废昌邑王”，立汉宣帝，侍御史严延年弹劾霍光“擅废王，亡人臣礼，不道”。汉宣帝虽没准奏，“然朝廷肃焉敬惮”。监察制度的这种震慑作用不但在历朝政治清明时能得以很好发挥，即使在政治昏暗的一些朝代后期，仍能起到一定的作用。晚唐德宗时，宣歙观察使薛邕“盗隐官物以百万计”，被殿中侍御史员寓弹劾，薛邕被贬为连山尉，“于是州县始畏朝典，不敢放纵”。汉灵帝时，宦官秉权，连汉灵帝都不得不以宦官张让为父，赵忠为母。但侍御史桓典却敢于惩办阉党，无所回避，“宦官为之避之”。桓典常骑骢马，京师畏惮，为之语曰:“行行且止，避骢马御史！”

四是在一定程度上能为民理冤、请命。历代有所作为的君王，大都能在一定程度上认识到人民的力量。唐太宗曾说:“天子者有道则人推而为主，无道则人弃而不用，诚可畏也。”因此，缓和阶级矛盾，以保证封建王朝的长治久安，也成为监察制度的一项使命。汉朝的部刺史，要负责“断治冤狱”。唐朝的御史十道巡按，要“理冤滞”。其它朝代也大都如此。不少监察官，从维护封建统治的长远利益着想，他们敢于为民理冤，为民请命。贞观年间，侍御史唐临“奉使岭外，按交州刺史李道彦等申叩冤系三千余人。”长寿年间，监察御史严善思复查旧案，“引虚伏罪者八百五十余人”。北宋时，齐廓任“提点荆湖南路刑狱”“潭州鞫系囚七人为强盗，当论死”。齐廓查明其冤状，“付州吏劾正，乃悉免死”。平阳县丁税颇重，“岁输银二万八千两”，以致“民生子，至壮不敢束发。”齐廓如实上奏，丁税得以减免。明朝隆庆三年，海瑞以“以右佥都刺史巡抚应天十府”，“力摧豪强，抚穷弱。贫民田入于富室者，率夺还之”。海瑞离去时，“号泣载道，家绘像祀之”。监察制度带来的这些许民主气息，无疑给百姓一线求生的希望和诉冤的勇气。因而历来为人民所赞颂，被历史所肯定。

两千多年的封建史证明，监察制度是否完备，监察机构能否正常的发挥其职能作用，直接影响到中央集权的稳定、政权的巩固和国家的统一。秦扫六合，统一天下，六国王公贵族复国之心不死，“楚虽三户必亡秦”的鼓吹者四处活动。由于垂直独立的监察体系始终能正常的发挥其职能作用，从而确保了中央对地方的强有力控制，地方割据实难形成。尽管秦因暴政而亡，郡县却未趁乱而分裂。东汉后期，监察制度废弛，土地兼并加剧，人口逃亡严重，大地主庄园遍布。有的“连栋数百，膏田满野，奴婢千群，徙附万计。”据官方统计，最高垦田数仅 732 万余顷（汉和帝元兴元年），比西汉后期（即汉平帝元始二年）减少 95 万余顷；最高人口数仅 5006 万余人（汉桓帝永寿二年），比西汉后期减少 952 万余人。土地兼并和流民问题也可略见一斑。

监察制度废弛的同时，是门阀士族逐渐兴起，官吏权力相对稳定。弘农杨氏，杨震以后，四世皆为三公；汝南袁氏，袁安以后，接连四代有五人位至三公。门阀士族遂成为一个特殊阶层，逐渐把持了中央和地方的政权。当时有首民谣："汝南'太守'范孟博（滂），南阳宗资主画诺；南阳'太守'岑公孝（晊），弘农成瑨但坐啸。"说明并非太守的门阀士族范滂、岑晊实际控制了本州郡的政权，真正的太守宗资、成瑨倒成为摆设。

监察制度废弛还导致民主性丧失，政治更加腐败。汉桓帝、汉灵帝时，曾两次实行"党锢"，打击评议政事的官吏士人，首当其冲的是一些正直的监察官如司隶校尉李膺、冀州刺史朱穆等。在"党锢"中先后有上千人被捕，数百人被禁锢，100 多人被杀害。汉灵帝还伙同宦官在西园公开卖官，二千石 2000 万，四百石 400 万。这一时期"正直废放，邪枉炽结"，由此而开始的长达三百余年的分裂割据实非偶然。

唐朝"安史之乱"之后，以及清朝末年等几次大的藩镇割据和军阀林立的局面，无不同监察制度的削弱和被废弛紧密相连。而汉武帝时代、贞观之治等盛世的出现，无不同监察制度的完备，监察机构得以正常发挥其作用密切相关。

漫长的封建社会中，世界上多少个封建帝国分裂了，灭亡了，而世界上第一个建立封建制的中央集权的中国却没有分裂，这其中经济结构、地理环境、语言风俗等因素固然是重要的，但与封建社会相始终的监察制度所发挥的重要作用，同样不可忽视。

2. 封建监察制度的特点

监察制度是为适应中央集权而产生，为维护中央集权而发展，为加强中央集权而完善的。在它产生、发展和完善的过程中，形成了自身独有的一些特点。

首先，监察权与执行权相分立。这种分立是维系中国封建政治制度的一个重要因素。列宁在分析资本主义国家的政体时，曾明确地指出："民主共和制是资本主义所能采用的最好的政治外壳，所以资本一掌握这个最好的外壳，就能十分巩固十分可靠地确立自己的权力，以致在资产阶级民主共和国中，无论人员、无论机构、无论政党的任何更换，都不会使这个权力动摇。"由此来分析封建社会国家的政体，不难发现，君主制乃是封建国家所能采用的最好的政治外壳。君主只要掌握了“这个最好的政治外壳”，就拥有了稳固的至高无上的权力，而无论各级官吏、机构的任何更换，都不会使君权受到动摇。

那么“资本”和君主又是通过什么途径，从而掌握住“这个最好的政治外壳”，并以此达到他们的目的呢？我们看到，民主共和制的资产阶级国家是通过立法、司法、行政三权分立来掌握“这个最好的政治外壳”，以加强中央集权，维护资产阶级统治；专制主义的封建国家则是通过行政与监察的分立来掌握君主制“这个最好的政治外壳”，以加强中央集权，维护君主专制。

封建专制主义的中央集权制将一切大权集于皇帝一人之手，然而单靠皇帝却难以有效地监督和控制各级官吏和地方政权。另外，在一级压一级的专制体系中，上级行政官吏要与中央对抗，下级行政官吏也只能随从。因此，依靠执行部门自我监察，无疑也是空谈。加强中央集权，维护国家统一的实际需要，使一种独立于执行部门之外的专门监察机构出现了。于是，监察权与执行权相分立了。这一分立起到了相互制约的作用，为专制主义的中央集权制政治制度的确立奠定了一块重要的基石。

两千多年来，历朝皇帝无不是通过监察权与执行权的相互制约来监督各级官吏，控制各级政权的。

中国封建社会监察权与执行权的分立主要表现为：

第一，监察官不负责处理行政事务，行政长官无监察权。“寅亮天工，弼谐庶绩，宰臣之任也；彰善瘅恶，激浊扬清，御史之职也。”分工明确才能相互制约，相互促进。唐朝统治者把有无这种明确的分工作为“政之理乱”的关键，的确是经验之谈。由于各自职权范围的明确限定，使监察官除“断治冤狱”外，不得插手行政事务的处理，但对行政长官违法乱纪，却有权纠察弹劾。而行政长官虽无监察权，但在其职权范围内治境安民却可以不受监察官干涉，充分行使自己的权力。

第二，监察区大于行政区。汉朝在郡县之上设十三州部为监察区。唐朝在州县之上设道，作为监察区。由于监察区大于行政区，可以摆脱地方行政长官的干涉，对所辖行政区进行有效的监察，控制地方官吏，巩固中央同地方政权的联系。只是到后来，汉朝的州、唐朝的道由监察区逐渐演变为一级行政单位，致使中央对地方的控制也随之减弱。

第三，地方监察官不是行政长官的副手。秦朝郡守的副手是郡尉，而非监郡御史。宋朝诸州的通判名义上是副长官，但朝廷赋予的实际职权却远大于一般副职，使其能有效地控制和监视地方行政长官。汉朝、唐朝的地方监察官如前所说，乃在地方行政长官之上。这样，地方监察官虽远离都城，但由于并非行政长官的副手，故仍能独立地发挥其监察效能。

第四，监察机构是自成一体的垂直系统，不搞双重领导。监察机构只有自成垂直系统，才能不受地方干涉，有效的行使监察权。秦朝的监郡御史由中央委派并直属中央的御史大夫，郡守无权罢免撤换郡监。汉朝各州部刺史和唐朝各道按察使，宋朝各路的转运使、提点刑狱均由中央直接派出，监察区大于郡县行政区，当然不受地方干涉。明朝改御史台为都察院，左右都御史之下拥有相当数量的监察御史，在朝则监视纠劾朝廷百官，出则为巡按御史，代皇帝巡行地方，弹劾官吏，地方官吏自然更无权干涉。两千多年的封建史证明，对监察机构实行双重领导，势必会形成以地方领导为主，从而使监察机构很难发挥其应有的效能，削弱中央对地方的领导。因为以地方领导为主，地方监察机构的主要职责就会转向为加强地方长官对下属的控制服务，中央政府的风宪之司，就会演变为地方长官的耳目工具。中央对地方监察机构的垂直领导就会削弱，以地方为主的横向领导则会加强。其结果，地方的离心作用势必加大。一旦中央对地方的控制遭到破坏，就会出现尾大不掉的局面，地方对中央不但可以有令不行，有禁不止，还会形成分裂割据。如唐朝设节度使统率数州，不但集军、政、财权于一身，而且还兼有司法、监察权。节度使“既有其土地，又有其人民，又有其甲兵，又有财富”，由此始建藩镇。中唐以后，节度使多加御史大夫或御史中丞衔，设立御史台称“外台”，自置御史为僚属。中央监察机构对“外台”御史的领导徒有虚名，实际上是以地方（节度使）领导为主。这样一来，“外台”非但无助于巩固中央同地方的联系，反而帮助节度使加剧了对下属的控制，有利于节度使同中央分庭抗礼。而“外台”御史既在地方节度使的管辖之下，也就根本不可能代表中央监察地方。

第五，监察官任职的相对短暂性。历代监察官任职期相对于行政官吏来说，都要短暂得多。明清之际的思想家顾炎武总结历史经验教训得出这样一个结论：“夫守令之官，不可以不久也。监临之任，不可以久也。久则情亲而弊生，望轻而法玩。”汉朝的州部刺史是一年一任制；唐朝御史台的三院御史，任期也不过一二年左右；宋朝各路的转运使、提点刑狱等更是临时性的差遣。

监察官任职的相对短暂性，是由监察工作的重要性和斗争的尖锐性决定的。监察工作的重要性在于它能监察各级官吏，加强中央集权，控制地方政权，防止分裂割据。为有效地发挥其职能作用，必须采取各种措施防止监察官与行政官吏同流合污，沆瀣一气。而任职的短暂性就是有效的防范措施之一。斗争的尖锐性在于监察官的对手有密谋策划，网罗朋党，企图同中央分庭抗礼的王公、重臣；有以权谋私，贪污腐化的行政长官；有握有重兵，伺机叛乱的军事将领；有仗势欺人，横行乡里的地方豪强。这种斗争常常不是你死就是我活，要么鱼死，要么网破。这种尖锐残酷的斗争，尽管使一些恶势力受到致命的打击，然而也有不少监察官或以身殉职，或死于非命。

我们不妨就《汉书·百官公卿表》中有关三公的任职情况作一简要分析，以具体认识监察官任职的短暂性，监察工作的重要性，以及斗争的尖锐性。这 200 多年任丞相的计 47 人。其中任职 10 年以上的有 5 人；出任太尉的计 26 人，此职虽时省时置，但任职 10 年以上的也有 5 人；出任御史大夫的计 72 人，任职 10 年的仅赵尧一人。由此可见，最高监察长官的任期与最高行政、军事长官相比要短暂得多。

47 名丞相中，由御史大夫升任丞相的占了 22 名，而由太尉升任丞相的仅 3 人，监察官的重要性可略见一斑。

在 72 名御史大夫中，有 9 人在御史大夫的任上被下狱腰斩或被迫自杀，有 9 人卒于任上，有 3 人升任丞相后被斩或自杀。斗争的尖锐残酷更是显而易见。

为保护监察官勇于斗争的积极性，为不断充实和改善行政官吏队伍，都要求监察官任职要相对短暂，以便在这风口浪尖上，在整饬纲纪的斗争中培养和锻炼更多疾恶如仇，不避生死，敢于负责的刚直不阿的斗士。

综上所述，中国封建社会监察制度的历史作用及其特点既值得借鉴，并对推进当前制度反腐大有裨益。

（二）借鉴现代企业法人治理体系经验，开展权力结构改革试点探索

党内权力约束制衡怎样才是科学合理的？可向现代企业借鉴。因为现代企业制度常常走在整个经济社会的前面。现代企业法人治理结构通常由决策机关（董事会或股东大会）、执行机关（总经理及各级经理人员）、监督机关（监事会）等三大部分组成，分工明确，制衡有效。借鉴现代企业的权力结构，在保持中央和省委现有

领导体制格局不变的前提下，可通过在市、县委搞试点来探索经验。

实践中，近些年来，中央鼓励各地结合实际，不断加强权力结构转换的实践探索和试点运行总结，逐步勾勒出党内“顶层设计”的方向标和线路图。

首先，通过扩大党代会常任制试点，摸索党内决策权建设问题。

党代会常任制按毛泽东20世纪50年代的想法，是要形成一个党内的“国会”，党内有人大常委会那样的常设机构来进行党内决策。根据毛泽东的这一设想和八大的制度设计及其实践经验，中央不断扩大党代会常任制试点。

党代会常任制源于共产国际的年会制。俄共在列宁领导下一直坚持年会制。中国共产党“一大”到“六大”也是如此。“七大”后因战争原因，年会制未再坚持。“八大”曾决定由中央带头，自上而下恢复党代会年会制。后因国际原因，仅开了第二次年会又中止。

新一轮党代会常任制启动于1988年底，方式是自下而上。全国范围内相继进行的12个县、市党代会常任制试点，开始了新的年会制。然而，自生自灭、缺乏指导的大多数试点却始终停留于年会制的形式，未能突破其实质。于是，在“十六大”前，有7个试点已经自行停止。

“十六大”会上，一些党代表在讨论修改报告时认为，推行党代会常任制的条件已经成熟，不必试点。而更多的党代表则认为，党代会年会制虽然国内国外曾有过实践和经验，但是，当时自上而下的实践却不够充分，短暂的经验也不大成熟。在社会主义市场经济条件下推行党代会常任制，更没有经验，饭得一口一口吃，路得一步一步走，磨刀不误砍柴工。最后修订的“十六大”报告，按照大多数党代表的意见和建议，将“扩大在县、市进行党的代表大会常任制的试点”一句中的“县、市”顺序，改为“市、县”顺序。

尽管这一改动显得如此毫不起眼和微不足道。但是，它却从一个侧面证明，“党内民主是党的生命”越来越得到更大范围的认同；同时，它也预示着党代会常任制的试点，将在更大范围实践，其走向也将获得更为广阔的空间。

其次，通过扩大县委权力公开透明运行试点，摸索党内执行权分解问题。

包括我国在内的世界社会主义国家权力结构，大都是按照马克思总结的巴黎公社革命政权模式，即“同时兼有立法和行政”的“议行合一”模式建立的。实践中，执行权已取代或侵占了决策权、控制或异化了监督权，致使目前相当多的地方和单位形成了空前的“一把手”体制，“权力过分集中”成为党群疏离、三权交易、作风变异和群体性事件多发的“总病根”。因此，中央从县权改革入手，科学分解执行权，合理配置权力架构。

第三，通过扩大监督体制改革试点，摸索党内监督权配置问题

当前，党内监督体制基本上是一种同体监督，监督权配置独立性不强，依附和受制于党内执行权，致使出现“看得见的管不着、管得着的看不见”的问题。因此，中央在加强巡视机构和派驻机构两个异体监督的支点建设的同时，支持地方进行监督体制的改革和创新。而且，从现有反腐成果来看，巡视制度这种异体监督的作用正在逐步显现出来。

自“十八大”后中央启动反腐风暴以来，巡视制度在反腐进程中发挥出巨大作用。中央对省级巡视工作由“指导”变为“领导”关系，一字之差，体现出怎样的重大意义？

中央对省级巡视工作由“指导”变为“领导”关系，是当前反腐的任务、形势和突破困境使然，也是对巡视制度的进一步完善。中央和地方巡视领导体制的改变，有利于更好地发现问题，进而通过案件查处，倒逼权力结构和用人体制改革，推动我国政治体制改革的进程。

巡视制度的正式实行是在 1996 年，中央纪委六次全会作出“根据工作需要，选派部级干部到地方和部门巡视”的部署。2003 年，中央纪委、中组部正式组建专门的巡视工作机构，当时的巡视组隶属于中央纪委、中组部，对于省委只有“指导”关系。而在 2009 年底，“中央纪委、中央组织部巡视组”正式更名为“中央巡视组”，作为专门的中央巡视机构，彼时中央对省级巡视工作理应具有“领导”关系，但并未明确提出。

“十八大”以来，习总书记明确提出中央对省级巡视工作由“指导”变为“领导”关系，是当前反腐的形势、任务和突破困境使然。反腐反了这么多年，但形势依然严峻，任务依然繁重和艰巨，滋生腐败的土壤和条件依然存在。一方面，形势任务决定了中央对省级巡视工作不能停留在原来单纯的业务指导层面，而必须进行坚强有力的领导，才能改变这三个“依然”；另一方面，反腐进行了三十多年始终没有走出“越反越腐”的困境。尽管反腐的决心很大，力度很大，成效也很大，但是以治标为主的反腐，只能在短期收到收敛收手的功效，不能从根本上铲除腐败滋生的土壤和条件。这些年，腐败已经从基层到中高层甚至向核心层稳步推进，连原政治局常委都难逃腐败泥沼。反腐面临的多年困境，要求中央必须从异体监督的巡视制度上深层推进反腐。

反腐之所以难逃“越反越腐”的困境，是由沿用于苏联模式的权力结构和选人用人体制造成的。决策权、执行权、监督权三权高度重叠并过分集中的权力结构和从上往下层层任免干部的选人用人机制，都将危害党的长期执政。如果没有对这两个根本性弊端的坚决改革，腐败将难免“越反越腐、愈演愈烈”的痼疾。

巡视制度本质上是一种异体监督机制，是来自于外部的监督主体与被监督对象之间形成的监督与被监督关系。通过将“指导”变为“领导”关系，强化中央对地方巡视机构强有力的领导关系，将有利于异体监督发挥更大功效：首先将有利于及时有效地发现问题，发现问题才能解决问题；其次，通过查处案件，可以倒逼权力结构和选人用人机制的加快和加深改革的速度和力度。

从“指导”变为“领导”关系，也是对我国现行巡视制度的进一步完善。此外，要想令巡视制度在反腐进程中发挥更大功效，可以借助以下三点：

1. 借鉴汉武帝时期“以六条问事”的巡视制度，突出监督的重点对象和重點内容，而非眉毛胡子一把抓，提高监督效率。

2.“以小治大，内外相维”，巡视组组长未必一定要任用省部级高官，十个巡视组组长中选用一两个厅局级干部，监督效果或将更优。“年纪大、官位高的干部，往往深谙官场人情世故，有些事不敢言，官位低、年轻的干部，涉世未深，反而敢于批评和揭发问题，监督效果会更好。”

3. 巡视组内部组员，可进行自由有机搭配。目前的巡视制度是巡视组组长不固定，进行随机抽样，组员都由上级配选。“这是包办婚姻，不是自由恋爱。如果让年轻一点的干部当巡视组长，可能会在自己所在的地区、部门，选择更得力的人选担任组员，监督效果或更好。”

第四，通过扩大基层选举试点，摸索权力来源的合法性问题。

事实上，中央鼓励地方开展一定形式的试点，贯彻落实“权为民所赋、权为民所用”的马克思主义权力观，探索权利制衡权力和权力回归权利的规律性。

沿着这样的思路，进行的改革已经在纪检系统突显。过去，纪检监察工作走的是一条扩大外延而缩小内涵的路，通俗讲就是脚太短迈不出自己该走的路，手太长管不了应该管的事。本来是党章和党内监督条理规定的党内监督专门机关，但是现行的权力结构决定其无法监督同级党委，于是就成了办案机关，办案有困难，又变成了纠风部门，纠风有阻力，又变成了变成执法检查，执法检查有矛盾，就转向了效能监察，外延不断扩大，内涵极度缩小。

如今，高层敏锐地意识到纪委外延扩大带来的问题，使用了“三转加一聚”，即转职能，转方式，转作风，聚焦。

纪委系统首先做了机构改革，把部门工作剥离出去，过去要对外协调议事的125个小组，砍掉了113个，只保留了12个。缩小外延扩大内涵使中纪委现在成为一个名副其实的办案机关，但是回到办案机关，并不是改革的目的，下一步才是中纪委最难也必须突破的改革，就是归为党内监督的专门机关，对同级党委，特别是常委会成员实施有效监督。纪检体制的改革需要进一步深化，而目的就是要形成异体监督，形成党内科学的权力结构。

总之，继续沿用“苏联模式”的党委领导体制，是一种严重集权的体制。在计划经济条件下，这就已经倾向于腐败；在市场经济条件下，利用“有形之手”主导转型的“权力便利”，加速滋生蔓延腐败。因此，须通过党代会常任制实现党权三分，即将现行党委“议行合一”的权力分为决策机关——党委会，执行机关——执委会，监督机关——监委会，才能从制度保障上形成科学的权力结构。

第二章　制度反腐须改革现行选人用人体制

为政之道，要在得人。“用不才之士，才臣不来；赏无功之人，功臣不劝。”（王维《责恭荐弟表》）因此，用一君子，则君子皆劝（劝勉，努力）；用一小人，则小人竞进。因而，习近平总书记强调：用人导向最重要、最根本、也最管用。着力完善选人用人管人制度，重构优秀人才脱颖而出的政治生态。

这两个机制的不健全、不完善有历史原因，也有现实原因。

我国现行选人用人体制起源于革命战争年代，形成和强化于社会主义建设时期，且深受苏联权力结构模式和用人体制影响。建党 95 年，我们党历经革命、建设和改革，已经从领导人民为夺取全国政权而奋斗的党，成为领导人民掌握全国政权并长期执政的党；已经从受到外部封锁和实行计划经济条件下领导国家建设的党，成为对外开放和发展社会主义市场经济条件下领导国家建设的党。这“两个已经”和“两个成为”既表明历史在前进，党的事业在发展，同时也要求我们的选人和用人机制亟须与时俱进。

马克思曾指出：“用等级授职来代替普选制是根本违背公社精神的。”在这种选人用人体制下，眼睛向上的上去了，眼睛向下的下来了；领导喜欢的迅速提拔到领导身边，群众拥护的将永远留在群众中间。于是，出现优秀人才难以脱颖而出，用人上的不正之风难以避免。

一、正视现行干部人事制度的六大硬伤

用人上的不正之风是危害最大的不正之风，而且还会带来和助长其他方面的不正之风。选贤任能，关键是

要建立科学的选人用人体制。深化干部人事制度改革，要“以建立健全选拔任用和管理监督机制为重点，以科学化、民主化和制度化为目标”，通过建立健全“广纳群贤、人尽其才、能上能下、充满活力的用人机制”，积极营造各方面优秀人才脱颖而出的良好环境，“把优秀人才集聚到党和国家的各项事业中来”。

这些年来，全国县处级以上干部受处分比例数呈现三大特点：一是领导干部受处分比例高于普通党员；二是高级干部受处分比例高于中层、基层干部；三是“一把手”受重处分比例高于其他领导成员。从这三大特点，可以看到选人和用人方面存在的两大主要问题——优秀人才难以脱颖而出，和用人上的不正之风难以避免。由于干部人事制度改革，特别是选人和用人机制改革的滞后，这“两个难以”日益严重地成为侵蚀我们党和政权机关的两大病毒。这两大病毒的出现和发展，一方面说明权力对人，特别是对握有重要权力的人的腐蚀和影响；另一方面也说明我们对掌权者的选拔任用和监督管理机制方面存在问题的严重。

其实，改革开放 30 多年，我们也试图对选人和用人机制进行改革，但由于思路不对，论证不充分，图简单、图省事，多唯上，少唯实，因而常常事倍功半。

（一）用简单化的方式处理不了复杂化的问题

“文革”结束，摆在我们面前的是积重难返的成堆问题。特别是党政干部队伍的僵化和各级领导干部的老化，已成为非解决不可的重要问题。用“年轻化”这一把“快刀”，去解“僵化”和“老化”这一团“乱麻”，无疑为应急之策和实用之举。然而，应急之策一旦一成不变地长期使用，急非但应付不了，甚至还有可能添乱。我们一些地方、部门和一些同志，可能对《邓小平文选》的系统学习不够深入，对邓小平理论的理解也不够深刻，对邓小平同志有关“年轻化”指示的认识只知其然而不知其所以然，但在执行上却相当雷厉风行。由于对“世异则事异”“事异则备变”的道理体会不深，因此产生并实施了以“年轻化”的不变之策，去应干部人事中千变万化的想法和行动。把专门用以解决“文革”十年浩劫遗留问题的权宜之计当作安邦治国可以包医百病的长久之计；把特定时期解决党政队伍“僵化”、领导干部“老化”的暂时之策作为实现长治久安的既定方针。其结果，同南辕北辙相似，与刻舟求剑无异。因为，在“僵化”“老化”的表象背后，是“能上不能下”的选人用人机制在起主导作用。从邓小平第一次提出“年轻化”已经52年过去了，如果从“文革”结束后重提“年轻化”，也有30多年了。但是，由于没有干部“能下”的科学合理机制，尽管年年都在“年轻化”，但是岁岁提拔又老化。如果不从“能下”方向实施战略突破，仅用“年轻化”这一简单化的办法，是解决不了干部队伍“僵化”和领导干部“老化”这一复杂问题的。

（二）政策如果只有利于调动少数人的积极性，就通常会压抑多数人的积极性

政策是调动积极性的杠杆。好的政策通常有利大多数人积极性的调动。中国封建社会之所以长达2000多年，比欧洲封建制晚500年消亡，其中创建于隋唐的科举制是其重要原因之一。隋唐科举制较之于此前的世袭制、察举制在政策上的最大优越性，就在于它能调动更多人的积极性。唐太宗李世民偷偷观看当时的科场考试后，为天下士人皆入其囊中而喜形于色，洋洋自得。因为他深知，能囊括天下人才，也就能保持天下的稳定与发展。中国共产党“打土豪，分田地”政策的成功之处，就在于能最大限度地调动中国最广大农民的积极性。结果，成立之初仅几十人的党，几经挫折后，由于制定了正确的政策，历经28年的武装斗争，最终夺取了全国政

权。改革开放之初家庭联产承包责任制的政策优势，也同样胜在对广大农民积极性的充分调动上。改革进城后，国企改革之所以多年效果不甚理想，其中关键原因就在于厂长（经理）承包制，有利于调动少数人的积极性，而不利于大多数人积极性的调动。在一些地方和部门，注意用“年轻化”政策对少数人积极性的调动，却忽视了“年轻化”政策下形成的“明格”“暗格”对大多数人积极性的挫伤。

实践证明，“59 现象”之所以不断向“49 现象”“39 现象”甚至“29 现象”延伸，一个重要原因就在于，由于“上”的人数有限，机会有限，每一个“年龄格”内都只能容纳极其有限的少数人，而必须将大多数人排斥在外。被排斥在“年龄格”外的一些人，自感进步没了希望，仕途已到尽头，少数人在丧失了理想，动摇了信念，失去了政治抱负，没有了事业追求的情况下，萌发了“堤内损失堤外补”的念头，实施了“不捞白不捞，白捞谁不捞”的违法乱纪行为。

如果对这些人的剖析，仅限于道义上的谴责和惩处上的严厉，基本上于事无补。因为在政策导向下，还会有更多的人因积极性的挫伤，而采用激进的飞蛾扑火形式，或渐进的前仆后继方式，追求另一种所谓实现自身价值的途径。让大多数都怀有希望，这不仅是搞好工作和事业的要求，也是加快发展保持稳定的要求，还是治党治国长期执政的要求。而我们这些年的选人和用人政策能让大多数人抱有希望吗？！

（三）套用政务类公务员的选用方法提高不了业务类公务员的素质

为解决由少数人从少数人中选人的问题，不少地方、部门和单位套用政务类公务员的选用方法，在机关内部对中层干部实行竞争上岗。从目前的情况看，这种做法的确打破了过去少数人从少数人中选人的陈规陋习，给一些优秀人才脱颖而出创造了崭露头角的机会，还给深化选人和用人机制改革提供了必要的试点，积累了必要的经验。然而，问题也由此引发。存在的主要问题，一是业务水平、工作能力在竞争中体现还不够充分；二是业务类公务员的竞争较多地借用甚至套用政务类公务员的考察方式方法；三是主管领导特别是“一把手”的打分权重过低。等级授职是业务类公务员晋升的主要形式，而竞选就职是政务类公务员进步的主要方法。不分政务类、业务类公务员，一律搞民主测评，民主公推，由此而上的业务类公务员虽然民意的分量相对比以前重了，但业务能力未必会因此提高，上级对其的管理指挥未必会比过去顺利。因为，对于业务类公务员选拔，更应注重效率，因而更看重的是其才干能力情况；而政务类公务员的选拔，更应关注的是其公正、公平，因而更应听从民意的公认程度。

套用选政务类公务员的办法，过分强调用民主测评、民主公推业务类公务员，其后果，将逐步造成业务类公务员把精力更多地用于处好左右关系和拉选票上，而减少对业务知识的钻研和业务能力的提高上。事实上，业务类公务员是否优秀，应以才干实绩为标准，而不是以得票多少为凭据。在发达国家业务类公务员的实绩考察和职级晋升，全凭其直接上司一锤定音，而没听说有民意测评之说。而谁最了解业务类公务员的才干实绩？当然是其直接领导。由于当前各级政务类公务员尚未优化，因此在感受不到民意对其优化的压力下，自然喜欢在少数人中选人，愿意选用自己熟悉的、听话的、用起来顺手的业务类公务员，甚至以是否对自己有好处、有利益为取舍。如果这些业务类公务员有本事用起来更好，没有本事用起来也不碍事。如果政务类公务员一旦由民主选举对其优化，那么他必然得用有本事、有才干、有能力的业务类公务员来执行其政策，推行其政令。否则，选民就会因为他没有政绩或政绩不突出而不投他的票。因此，优化的路途选择应当是通过政务类公务员的优化，去推动业务类公务员的优化。因为，优化一个政务类公务员，可以推动几十个、上百个业务类公务员的优化。

“十八大”前，一些地方和单位过分热衷于推行中层干部竞争上岗，这犯了两个错误：一是方法错误——用选拔政务类公务员的方法来选拔业务类公务员；二是路径错误——通过先优化业务类公务员去推动政务类公务员的优化。这种竞争上岗，虽然能在短时间起到一定限度的优化作用，但是从长远来看，由于方法选用和路径选择的双重错误，致使适用对象的错位，最终将导致业务类公务员和政务类公务员双向弱化的结果。当时，尽管我给中央纪委一名分管干部工作的副书记专门写信指出这种做法将可能导致的问题，但仍无济于事。

（四）片面性的措施解决不了整体性的问题

一是片面强调准，结果越选越不准。

为了准，我们不厌其烦地考察、测评、谈话；为了提高准确率，还把计划经济时期的后备干部制度沿用至今。对于计划经济的产物、暗箱操作的代表——后备干部，我们至今还没有改革乃至废除的打算，不能不说这是一种悲哀。

通过30多年的改革，几乎人人都明白，按计划配置资源，按计划生产，按计划流通，按计划消费的计划经济模式，就我国现阶段的国情而言，是很难成功的，因此是必须改革的。而我们有些地方和部门，虽知对死的物的资源不能计划配置，却以为对活的人的资源可以按计划进行安排。于是，30多年来，经济、政治两大领域因改革推进程度的不同而出现明显反差——对物的资源，早已实现主要通过市场机制来配置；对人的资源（这里指干部特别是领导干部），却依然停留于主要依靠领导和组织部门的计划方案来安排。结果为了求得所谓的准，程式化的要求越来越多，形式化的倾向也越来越重。各种明格，再加上更多的暗格，不仅局内人士稀里糊涂根据既不科学，又不合理的分数统计、票数统计，来乱点鸳鸯谱；而且局外之人更是一头雾水，不知作为业务类的公务员，是该以优良的业务能力向直接领导负责，还是该以左右逢源的关系能力得到晋升提拔。正如民主投票选不出优秀的会计师、工程师和律师一样，民主测评也断难选出最佳的业务类公务员。方法不解决，过分的求准，结果常常难逃南辕北辙之窠臼——车速越快，则离目的地越远；愈想求准，则愈难选到可堪大用之才。

结果，谁都明白——这种形式重于内容的方法选不准优秀之人。于是，计划赶不上变化，变化赶不上领导一句话。

二是突出解决上，越上难度越大。

我们从事干部工作的同志，提拔一名干部，不但要了解他（她）的过去和现在，而且要预测、甚至安排他（她）的将来。否则，在基本上属于能上不能下的现行干部机制中，一个新提拔的干部，可能就因为对其年龄、文凭、性别、民族等方面考虑不周，一任命如同围棋的一落子，就是一着臭棋，甚至就是一着死棋。原因就在于用（提拔）了他（她），他（她）却因为不能再上，在断了自己路的同时，也堵了别人的道。于是，业内人士或知道内情的人讲，干部工作出政绩或出成绩，无它法，就一句话——用的人只能上，不能上就不准用。当然，这也不能怪搞干部工作的同志，因为在选贤任能机制尚未建立健全，能上不能下的大格局基本给定的前提下，动好一个人的职务，可以给几个、十几个、几十个人的晋升带来机会。因此，一个人能不断地得到提升，周围的人就有可能因位置的不断腾出而得到相应提升。在“僵化”“老化”的机制和局面基本给定且还没有大的改观前，聪明的“一把手”和组织部长的最佳选择，就是在这一“僵化”“老化”的棋盘中，精选出一粒或几粒有可能多次前进的棋子，提供条件促其在官阶上不断跳跃，从而使周围的棋子也能得到相应的挪动。

这就是这些年来选人和用人上只做不说的“最大化定律”；这就是各地方、各单位、各部门在现有条件下实现职务、职级最大化的通常做法；这就是同环境、同职级中最年轻的干部之所以最有可能成为最大化受益者的根本原因所在。

这种最大化必然以最年轻为选择对象，唯其最年轻才能满足上述要件。据此，在没有科学的选人和用人机制的条件下，主要凭年龄、文凭、性别、民族等外在条件计分，而不是以品德、能力、才干等内在素质用人，也是一种不得已而为之的实用主义办法。当“年轻化”有一种简单化、概念化、问题化的倾向时，各级领导班子凭着一两个人或两三个人的“年轻化”，虽然能够稍许降低班子的年龄，但却未必能实现班子的高素质，也很难增添干部队伍的整体活力。

抗日战争时期，毛泽东同志作出了到敌人后方去的战略决策，于是我们党的抗日武装得到空前的发展壮大。干部人事的改革如果选择以“能下”为战略突破口，势必也将收到令人满意的效果。

我以为，以党的“十六大”为标志，政治体制改革特别是干部人事制度的改革必将进一步加大力度，取得更有效的进展。具体来讲到“十七大”前的这五年间，干部人事制度改革大体将迈出三大步。第一步：重在通过竞争而上——治标；第二步：转到通过竞争而下——治本；第三步：实现能上能下的目标——标本兼治，以保证权力产生、运行正常运转。

（五）琢磨事的人常常败于捉摸人的人

但凡有人群的地方，大体上都有两类人，一类专心琢磨事，一类擅长捉摸人。琢磨事的人，常常如痴如迷于事上，披胆沥胆，虽九死而不悔。如司马迁之于《史记》，李时珍之于《本草纲目》，哥白尼之于天体运行规律，达尔文之于进化论……而捉摸人的人，成天捉摸上司、同事、部属，一有机会便将捉摸“成果”派上用场，或投机取巧，或坑人利己，个别人甚至口蜜人前，腹剑人后，整人之心无所不用其极。如伯嚭之于伍子胥，秦桧之于岳飞，魏忠贤之于左光斗……

琢磨事的人，由于心在事上，往往无心也无暇警觉和防范捉摸人的人，因此常常被人捉摸。捉摸人的人，由于常存整人之心，常设整人之计，往往出人之所不意，攻人之所不备，因而成功率很高。纵观历史，如果年代有利于琢磨事的人，则政治清平，国泰民安；如果岁月方便于捉摸人的人，则黑白难辩，鲁难未已。

琢磨事的人，常常败于捉摸人的人。著名诗人北岛曾发出“卑鄙是卑鄙者的通行证，高尚是高尚者的墓志铭”的喟叹和呐喊！在选人用人机制尚未建立健全之前，“两个难以”（即选人用人上的不正之风难以避免，优秀人才难已脱颖而出）是普遍现象而非个别现象。正因为如此，我们才要加大干部人事制度改革的力度，加快选人和用人机制改革的步伐。

（六）大格不破，大才难出

干部人事制度改革、选人用机制改革，牵涉面广，技术性强，操作难度大。既需要积极的态度，也需要稳妥地推进。然而把其中的表象看清，把其中的道理悟透，不难发现通往切实解决问题的路，其实很近——根本的出路在制度改革，根本的方向是从“能下”突破。这些年，我们只有“年轻化”的“直通车”，而无优秀人才的“快速通道”。凭年轻，无过人才具也能担当重任，并不断得到提升；过龄者，虽有雄才大略也只能靠边旁观，无缘施展才干。历史证明，社会科学与自然科学最大的不同是研究对象的不同，而非方法的不同。前者把人作为重点，后者的重点对象是物。实践证明，领导既为一门科学，并非经历练就能树立威信；领导既为一门艺术，绝不是凭勤奋就能凝聚人心。十年“文革”已经耽误了一大批优秀人才，这些年一些地方和部门简单化、片面化的“年轻化”也使相当一批大器晚成，或是大器早成未能发现，或是承认大器但有争议的优秀人才成为被遗忘的角落。

用所谓的“争议”来扼杀具大器的优秀人才是捉摸人的人最为成功并屡试不爽的“杀手锏”。事实上，古今中外，凡具大器的优秀人才，几乎都免不了有争议。秦始皇、汉武帝如此，拿破仑、彼得大帝如此，姜子牙、李斯如此，即使在后世得到普遍赞誉的“千古第一相”鞠躬尽瘁的诸葛亮、“千古第一将”精忠报国的岳飞，在当时也同样是有争议的人物。因此，诸葛亮才写下流传千古的前后《出师表》，用表明心迹的方式回击朝庭内外对他的争议和攻击。有“憾山易，憾岳家军难”之称，英勇善战的岳飞，在秦桧等奸佞小人的恶攻和争议中，惨死于“风波亭”，罪名“莫须有”也因之成为让人欲哭无泪，肝肠寸断的历史典故。古人深知“名高毁所集，言巧智难防”（宋朝刘禹锡《萋兮吟》）的道理，由此总结出“世有雷同之誉而未必贤也，俗有欢哗之毁而未必恶也”（晋朝葛洪《抱朴子·广譬》）的古训。大格不破，大才难出。如果能采取有效的政策和措施，启用上述具大器之才中出类拔萃者，如此“徙木立信”，将会调动和激发更多人的积极性。此举不仅是党之福，国之幸，而且也为党心所愿，军心所从，民心所向。

二、对干部“年轻化”的辩证思考

《邓小平文选》1-3 卷，共 205 篇文章，谈及“年轻化”的计 20 篇文章（如果加上注释中提到的 1964 年 1 月 11 日邓小平在全军政治工作会议上作的《关于目前国际、国内形势的报告》一文，共计 21 篇）。邓小平同志第一次提出干部年轻化问题是 1964 年 1 月，到 1992 年 1-2 月南巡讲话，“年轻化”一词在《邓小平文选》1-3 卷中共出现了 31 次。如果将这 21 篇文章涉及的“年轻化”问题与我国的改革开放的历程结合起来学习研究，就可以引发我们对“年轻化”问题的深层次思考。

（一）“年轻化”的最早提出，主要源于执政初期军队干部队伍建设的特殊需要

1964 年，在贺龙同志主持军委日常工作期间，全军掀起轰轰烈烈的军事大比武活动。建国 15 年了，由于正常的军队干部转业制度尚未真正建立，军队干部年龄老化的问题开始显现。此时的大比武，使师、团级干部年龄偏大的问题更为凸显。1964 年 1 月，邓小平同志在全军政治工作会议上作的《关于目前国际、国内形势的报告》中，首次提出了军队干部年轻化的问题。他指出，干部年轻化问题，是一个全国性的问题，带有方针性质的问题。干部中经常要有新的血液，要有新的接班人，要让比较年轻一点的、政治思想好的共产主义者来接班。此后，全军通过加大军队干部向地方交流的力度，较好地维持了军队干部比较年轻的状况。但是，军队干部年轻化问题并没有真正得到解决。“文革”结束不久，1977 年 5 月 24 日，邓小平同志在与中央两位同志谈话时指出，要“同时使我们的部队干部年轻化。60 岁的人当军长是不行的。”紧接着在同年 8 月 23 日邓小平同志指出，“我个人设想，五年或更多一点时间”，“使干部队伍水平提高，能力加强，比较年轻化，特别是战斗部

队的干部更要年轻些”，重点是“使作战部队指挥员年轻化或比较年轻化。”“政治干部的年龄可以稍大一点，但也不能太大”。“前年我就讲过，连指导员的年龄可以稍大一点，多积累些经验，可以做细致的思想工作。由此类推，各级政治干部的年龄比军事干部的可稍微大一点。军事指挥员要年轻一点，但不排除个别身体好的人年龄也可以大一点。”“这样就可以在五年或更多一点的时间内，实现作战部队干部的年轻化。海军和空军的指挥员也应该这样。”

由此可见，邓小平同志在此阶段对“年轻化”的认识主要源于军队，从解决军队干部年龄偏大的现状入手，到下决心用五年时间使作战部队指挥员年轻化，对问题的认识逐渐深入，解决的决心不断加大。

（二）对“年轻化”认识的深化，在改革开放的实践中不断发展

邓小平同志通过六七十年代对军队干部队伍存在问题的分析总结，强调要实现“作战部队指挥员年轻化或比较年轻化”，可以说，这是对“年轻化”认识的第一阶段。

进入 20 世纪 80 年代，随着改革开放的深入，邓小

平同志对干部队伍建设由强调“年轻化”这“一化”，发展到强调“两化”——“逐步实现领导人员年轻化、专业化”；继而提出“三化”——“干部队伍要年轻化、知识化、专业化”；最后，1980年12月25日，邓小平同志又提出了“四化”——“提出年轻化、知识化、专业化这三个条件，当然首先是要革命化”。

在不断丰富对“年轻化”认识的同时，邓小平同志的思考也不断深化，先后作出了“使我们的干部队伍年轻化”；“自觉地更新各级党政领导机关，逐步实现领导人员年轻化”；更新领导层，“领导层需要逐渐年轻化”；让“中央委员会成员比较年轻一点”，“使中央委员会年轻化”；“使中央和国务院的日常工作班子更加精干，逐步实现年轻化”等一系列指示。

邓小平同志在不断深化对“年轻化”的认识过程中，强调了三点：首先，年轻化不是目的，目的“是始终保持党和国家的活力”；其次，年轻化不能绝对化，不能“只讲年龄这一条，还要德才兼备，并且要有经验丰富熟悉情况的同志参加，形成梯级结构”；第三，年轻化不能操之过急，“步子要稳妥”，“年龄的条件不能说得过死”，“领导层干部年轻化”只能“逐步实现”。

（三）“年轻化”问题的解决，有赖于党和国家领导制度的改革

1980年8月18日，邓小平同志在中共中央政治局扩大会议上作了重要讲话，提出了一个重要目标——改革党和国家领导制度。指出，在“文革”期间，我们的大批干部遭到林彪、“四人帮”的迫害，干部工作遭到严重破坏，造成了现在各级领导人员普遍老化的状况。“善于发现、提拔以至大胆破格提拔中青年优秀干部。这是国家现代化建设事业客观存在的迫切需要，并不是一些老同志心血来潮提出的问题。”邓小平同志认为，只有积极稳妥地推进党和国家领导制度的改革，才能实现干部队伍的“革命化、年轻化、知识化、专业化”，才能“把对于这种干部的提拔使用制度化”，才能克服“我们制度上的缺陷”，真正解决“领导职务终身制”的问题。

邓小平同志在研究“年轻化”的过程中，深刻认识到：“目前的问题是，现行的组织制度和为数不少的干部的思想方法，不利于选拔和使用四个现代化所急需的人才。希望各级党委和组织部门在这个问题上来个大转变，坚决解放思想，克服重重障碍，打破老框框，勇于改革不合时宜的组织制度、人事制度，大力培养、发现和破

格使用优秀人才，坚决同一切压制和摧残人才的现象作斗争。”1980 年 8 月下旬，在接受意大利记者奥琳埃娜·法拉奇采访时，邓小平同志进一步明确指出，“我们存在一个领导层需要逐渐年轻化的问题。我们需要带个头，过去没有规定，但实际上存在领导职务终身制。这不利于领导层更新，不利于年轻人上来，这是我们制度上的缺陷。这个缺陷在 60 年代还看不出来，那时我们还年轻。这不是一个人的问题，是整个制度的问题，更多地是关系到我们的方针、四个现代化能否实现的问题。”“包括干部职务终身制。我们现在正在研究避免重复这种现象，准备从改革制度着手。我们这个国家有几千年封建社会的历史，缺乏社会主义的民主和社会主义的法制。现在我们要认真建立社会主义的民主制度和社会主义法制。只有这样，才能解决问题。”

1981 年 7 月，邓小平同志明确提出“老干部第一位的任务是选拔中青年干部”，“选拔培养中青年干部这个问题太大了”，“这是个战略问题，是决定我们命运的问题。”“我们军队的同志可以回想得起来，1964 年开政治工作会议，我就提出军队干部年轻化的问题。从那个时候到现在相隔了十七八年。当时年轻化问题并不算很迫切，但是已经出现这个问题了。”

为此，邓小平同志曾建议在加强干部制度化建设方面订两个计划：一个五年计划，一个十年计划。头五年选 5 万人，把他们放到省部一级、司局一级的工作岗位上锻炼，50 岁左右的，40 岁左右的，逐步做到各占多大的比重，提出一个要求。然后设想干部制度、机构怎样才比较合理，在后五年通盘解决这个问题。

邓小平同志强调，计划、制度要具体化。“要在坚持社会主义道路的前提下，使我们的干部队伍年轻化、知识化、专业化，并且要逐步制定完善的干部制度来加以保证。”

到 1992 年南巡时，邓小平同志在其第三卷文选的最后一篇讲话中强调,“要按照‘革命化、年轻化、知识化、专业化’的标准，选拔德才兼备的人进班子。我们说党的基本路线要管 100 年，要长治久安，就要靠这一条。真正关系到大局的是这个事”。

（四）“年轻化”为何仍然还是困惑我们的重要问题

从 1964 年邓小平同志提出“年轻化”以来，到现在已经 52 年了。这些年来“年轻化”虽然不断被提及、强调，但效果却始终不尽如人意。1982 年 7 月 4 日，邓小平同志在军委座谈会尖锐指出："干部年轻化，军队提了多年，要求选拔比较优秀的、年轻的，台阶可以上快一点。但应该说这件事情这几年做得不理想。"其实，军队由于加强了精简整编的举措和转业的机制，这些年干部年轻化的问题相对来说还解决得不错。而地方从 20 世纪 80 年代初的第一次机构改革到现在，有关年轻化的办法没少想，文件没少发，规矩没少订，措施没少用，但回头一看，"年年都在年轻化，岁岁提拔又老化"的状况依然。

为什么会出现这种现象，我以为主要有以下原因：

一是对"年轻化"的认识有偏差，把权宜之计当作了长久之计。其实从邓小平同志 52 年前提出"年轻化"的认识历程来看，由于当时军队尚未建立正常的转业机制，"年轻化"最早是为解决作战部队指挥员年龄偏大的问题，"文革"后重提"年轻化"，是为解决"各级党政领导班子、各行各业领导班子都存在老化的问题"。可以说，"年轻化"作为当时解决燃眉之急的权宜之计，使一大批老同志得以顺利地从领导岗位上退下来，使一大批德才兼备的年轻同志走上了领导岗位。无论对解决军队干部老化问题，还是解决"文革"后各级领导班子老化问题，都发挥了重要作用，也收到了应有的效果。从某种意义上讲，如果没有当时大刀阔斧的“年轻化”，就没有 30 年改革开放所取得的成绩，也没有今天大局的稳定。然而有些地方和部门的同志，却把专门用以解决“文革”十年浩劫遗留问题的权宜之计，当作了安邦治国可以包医百病的长久之计；把特定时期解决领导班子普遍老化的暂时之策，作为了实现长治久安的既定方针。以致于忽略了干部人事制度改革的适时推进，特别是忽略了从领导干部“能下”方向实施战略突破。这种忽略也就造成了把“年轻化”简单化、概念化。于是就有人把 30 岁左右的团长、40 岁左右的师长、50 岁左右的军长的作战部队指挥员年龄标准，硬往地方县、市、省级领导干部的年龄标准上套，硬要坚持各级领导班子一定要象军队那样保持 10 岁左右的年龄差。于是，有的地方为了在“年轻化”上出“政绩”，一些 40 岁出头的县长、书记、处长，50 岁左右的市长、书记、司长，不得不“闲赋”起来，让位于更加年轻的干部。50 岁左右的任省长是“年轻化”，如果当县长则要“一刀切”。由此推理，似乎 50 岁左右的人能管得了一个省，却管不了一个县。幸好这种 10 岁左右的年龄差没有成为各行各业放之四海而皆准的标准。否则，如果大学教授 60 岁“下课”，中学教师就得 50 岁“下课”，小学教师就得 40 岁

“下课”。而且，要求大、中、小学教师保持这种年龄差，比要求省、市、县级领导干部的年龄差有更为充分的理由——所教对象（大中小学生）本身就有年龄差。认识上的偏差导致决策上的失误。由中央往下，每下一层，年龄竞争的残酷性便增添几分。于是，改户口的越来越多，岁数越长越小，甚至出现有的领导干部的“年龄”居然比自己的同母弟妹还小十来岁的咄咄怪事。“七上八下”这句成语，在成为组织部门用以解决用谁不用谁这一复杂问题的“杀手锏”的同时，也成为相当一批干部头上的“紧箍咒”。事实上，权宜之计一旦当作长久之计，“年轻化”之风就会从上层一直刮到基层。“年轻化”的思维定势，“年轻化”下的“一刀切”，已经成为干部队伍建设中最为严重的硬伤。

二是在贯彻“年轻化”上有误区，把治标之策当作治本之策。“年轻化”无疑是解决领导班子“老化”病症的解表之药，在改革开放初期用此解表之药以应“老化”之急，是必须的，也是正确的。然而解表之药的功效在于治标，治领导班子“老化”这一顽疾重症，绝非“年轻化”这一解表之药所能完成。张仲景在《金匮要略》中针对那种既有外感，内又里热的表里两热之病，认为必须辩证施治。要外解表邪以治标，内泻热结以治本，才能收到表里双解之功效。如果只对病征下药，而不对症治病，只治标而不知治本，用一次解表之药，病人高烧虽会暂退一时，里热则会增添一分，病情也会因此而加重一成。如此医治下去，再轻的病，也会由肌肤而渐入膏肓，即使扁鹊重生、华佗再世也断难救治。故古之名医感叹：大千世界，芸芸众生，死于病者少，死于药者多。治病如此，治党治国何曾不是这样。1921 年建党之时，中国共产党何曾有“老化”之忧；半个多世纪前建国之初，各级领导干部何曾有不“年轻化”之虑？邓小平同志 1987 年 6 月 12 日接见南联盟中央主席团委员科罗舍茨时说：“现在最大的问题是各级领导班子的年轻化。中国的干部老化僵化问题比你们严重，比如，我们党的中央委员会的平均年龄恐怕比其他各国党的都要大，我们党的政治局、政治局常委和书记处成员的平均年龄也都偏大。我们建国的时候不存在这个问题，那时领导人都比较年轻。从党的“十一大”开始出现这个问题。这有客观原因，一大批老干部在‘文化大革命’期间都被打倒了，后来解放了，重新恢复领导工作，所以领导班子年龄偏大。”各级党政领导班子、各行各业领导班子之所以都存在老化的问题，直接原因是十年“文革”，间接原因是建国以来没有及时建立正常的“能下”制度，因而领导干部职务终身制在各级都普遍并实际存在。“流水不腐”，“户枢不蠹”。数千万公职人员队伍，能进而难出，想要不僵化绝难做到；上百万各级领导干部，能上而不能下，欲使其不老化实在太难。面对干部人事体制、机制方面的制度缺陷，有的地方和部门却希望用“年轻化”的治标之策去解决，其做法无疑于扬汤止沸，而非釜底抽薪。由此可见，“僵化”“老化”是其“外感”，“不能出”“不能下”则是其“里热”。对干部队伍和各级领导班子普遍存在的这种“表里两热之病”，既要在一段时间通过“年轻化”去“外解表邪以治标”，更通过建立健全“能出”“能下”的制度去“内泻热结以治本”，才能收到表里双解之功效。邓小平同志认为解决这个“我们中国最特殊的问题”，可以从“年轻化”入手进行治标，但治本之策则是“要逐步制定完善的干部制度来加以保证”。《党政领导干部选拔任用工作条例》在总则的第一条里明确提出“建立科学规范的党政领导干部选拔任用制度，形成富有生机与活力、有利于优秀人才脱颖而出的选人用人机制”，符合“制度问题更带有根本性、全局性、稳定性和长期性”的精神，也是邓小平同志“制度建党”思想的一贯体现。

三是在对待“年轻化”上有禁锢，过分拘泥于某些个别论断和说法而忽视与时俱进、制度创新。恩格斯曾指出："马克思的整个世界观不是教义，而是方法。它提供的不是现成的教条，而是进一步研究的出发点和供这种研究使用的方法。"如果不顾历史条件和现实情况的变化，拘泥于马克思主义经典作家在特定历史条件下、针对具体情况作出的某些个别论断和具体行动纲领，我们就会因为思想脱离实际而不能顺利前进，甚至发生失误。实际证明，我们在对待"年轻化"问题上也或多或少地存在着一些"拘泥于"，从而影响了我们在"年轻化"上的与时俱进。

首先，从主要矛盾与次要矛盾的转化来看。改革开放 30 多年了，我们仍然还在强调"年轻化"。至少说明两个问题。一是从方法上看，我们没有抓住主要矛盾。

二是从效果上看，领导班子老化的问题并没有真正解决。实践证明，"年轻化"作为当时的主要矛盾并不等于仍是现在的主要矛盾；改革之初的班子老化只能用"年轻化"去解决，新时期领导干部的老化完全可以通过"能下"的途径去解决。矛盾在发展，解决矛盾的方法必须与时俱进。其次，从纵向与横向的比较来看。上溯五千年，在中国历史几乎上没有一个朝代的掌权人把"年轻化"作为长期的既定方针；横看五大洲，100 多外国家地区的执政者没有一个在长达数十年时间里反复强调“年轻化”。可以说，如果没有十年“文革”，我们的干部队伍不会如此老化，“年轻化”也不会强调到如此程度。我们党和国家曾有过不知“年轻化”会成为如此严重问题的时期，只要认真借鉴中外官吏队伍建设的经验做法和制度建设，不需要太多的时间，我们也肯定会有无须强调“年轻化”的这一天。

第三，从少数人的积极性与多数人的消极性来看。“年轻化”是干部“四化”中最能量化的指标，因而成为进出领导班子的“杀手锏”。我曾根据有关“年轻化”的各类红头文件，推导出“两大定律”。

其一，“头班车定律”。即在“年轻化”政策的导向下，凡能在 30 岁左右坐上县级主要领导“头班车”的人，就有 50% 的机率在 40 岁左右，凭“年轻化”搭上地市级主要领导的“头班车”；如此，就有 75% 的机率在 50 岁左右，凭“年轻化”搭上省部级主要领导的“头班车”；还如此，几乎就有 100% 的机率凭“年轻化”进入党和国家领导人序列。

其二，“末班车定律”。即一个 22 岁本科毕业的大学生，安排到乡镇工作，并按有关岗位正常晋升提拔，按理论测算职务究竟能升多高。结论是——如果他不被

“年轻化”标准“一刀切”下，且每次都能搭上“末班车”的话。那么，其退休前理论上的最高职务有可能做到乡镇党委书记。由这“两大定律”而观之，不难想见，如果简单化地执行“年轻化”，一方面虽然会调动几十、几百、几千人积极性，使其正效应能充分发挥；另一方面却可能引发几万、几十万、几百万人的消极因素，甚至会刺激其中有的人因前程无望而产生负效应、负能量。这就不难理解为什么搭上了“头班车”的人，尽管干劲百倍，可是却因为没有大多数人的积极性相配合，常常陷入毛泽东同志所说的“少数人的空忙”境地？为什么有些人为了搭上“头班车”，发疯似的跑官要官、买官卖官？为什么个别人甚至铤而走险，骗官杀官？也就不难理解为什么会出现这些“59 现象”“49 现象”“39 现象”乃至“29 现象”？为什么会有一些人产生“为没有机会腐败而痛苦”的心理变态？

其实，简单化、概念化的“年轻化”，在某些地方和部门已经成为一种“问题化”。对此有人不胜感慨：“年轻化”下，只许我少年得志；“一刀切”来，不准你大器晚成。面对群众集体上访、越级上访不断增加，安全事故、恶性案件逐年上升的态势，一些提拔无望的干部竟在旁边偷着乐，一些过早“闲赋”的领导也在冷眼旁观。

简单化的“年轻化”，不仅让大多数被排除在“年龄格”外的同志每每心灰意冷，而且使少数暂时留在“年龄格”内的同志也常常担惊受怕。因为一旦今天“一格”被拉下，今后“格格”都没有了希望。

（五）解决“年轻化”的根本出路在于制度创新

我以为，解决干部队伍和领导班子缺乏活力、素质不高问题的根本出路是“能上能下”“能进能出”，特别是“能下”和“能出”方面的制度创新，而不是“年轻化”。“年轻化”虽然可以直接缓解班子老化问题，但并不能因此而提高干部队伍素质，增强领导班子活力。“年轻化”从考察的内容看，不能代替干部的另外“三化”；“年轻化”从质量的标准看，不等于优化，也不能涵盖高素质；“年轻化”从激励机制的作用看，也不利于调动大多数干部的积极性。其实，面对建国半个多世纪来所形成的“两化”现象，即各级领导班子老化，数千万公务员队伍僵化，断不可用“年轻化”这一味药去医治，否则，病非但不能治愈，反而会加重。

让大多数人对未来抱有希望，这是干好任何一项工作的先决条件。对加强党的干部队伍建设这项工作而言，“年轻化”能让大多数人对未来抱有希望吗？1983年，在“年轻化”政策的作用下，年仅38岁的吕日周被破格提拔为原平县委书记，创造出令人称道的“原平经验”。闲赋十多年后，2000年已过55岁的他又出任长治市委书记。仅仅两年时间，他率领市委一班人又创造出更加引人注目的“长治经验”，为全国新闻媒体所关注和赞誉。可以说，没有33年前的破格，也就没有了当年的那颗“新星”；如果吕日周因“年龄格”而被“一刀切”下，也很难有“长治经验”。

1992年，已满56岁的秦振华，被苏州市委破格提拔为张家港市委书记（县级市）。他在5年内改变了全市落后面貌，一口气拿到了34个全国先进称号、37个全省先进称号，将“张家港精神”唱响全国。

由此可见，“年轻化”中有人才，但年轻并不等于人才；人才有老有中也有青，人才断不会被“年轻化”这一格所拘。一个好的用人之道，既会使少年英才辈出，也不会把大器晚成者埋没。否则我们就只会有周瑜，而不会有廉颇；只会出甘罗，而不会出姜尚（子牙）。

用这种形而上学的“年轻化”去解决班子老化、队伍僵化，问题只能缓解，而不能根治。治本之策，还在于体制改革和制度创新。当务之急，一是要抓住领导干部“能下”、公职人员“能出”这一主要矛盾，二是要尽快破除受计划经济体制影响所形成的那些或明或暗的“年龄、台阶、文凭”等格。用“能下”、“能出”解决干部队伍过分膨胀的“空间”问题，用“不拘一格”解决老中青干部各尽其才受制于年龄的“时间”问题。通过建立健全有关制度，使建国后参加工作的各级领导干部在“必须下”的前提下逐步“愿意下”，使各类公职人员在“能够出”的前提下逐步“愿意出”；使千里马不因毛的长短或颜色深浅而被拒于赛场之外，使人才不因发现晚而终不被用或难有大用。从而使影响大多数人积极性的问题得到认真解决，为造就比资本主义国家“更多更优秀的人才”（《邓小平文选》第二卷322页）开辟更为广阔的空间。

只要领导干部、公职人员在“能上能下”“能进能出”“不拘一格”“人尽其才”的机制、体制和制度下，科学、合理、健康地流动起来，不仅“年轻化”自在其中，而且增强领导班子的活力，提高干部队伍的素质等深层次问题也定会迎刃而解。

三、改革选人用人体制的路径和重点

“国家存亡之本，治乱之机，在于明选而矣。”（汉朝王符《潜夫论·本政》）为加强和改善党的领导，巩固党的长期执政地位，保证党和国家的长治久安，选人和用人机制的改革不但势在必行，而且必须加大力度，加快步伐。

28年的武装斗争夺取政权之路，是血与火的战争选择，并成就了中国共产党的一批开国元勋和各级领导干部。改革开放前的28年，频繁的政治运动既荡涤了我们队伍中的一些变质分子，同时也冲击了党的正常健康发展。疾风暴雨式的群众运动，既让一些优秀人才得以崭露头角，也给不少投机钻营分子提供了难得的机会。真可谓“正臣进者，治之表也；邪臣进者，乱之机也。”（明朝张居正《乞鉴别忠邪以定国是疏》）于是鱼龙混杂，于是泥沙俱下，于是翻云覆雨，于是拨乱反正。

当刀光剑影的战争已成为过去，不搞政治运动已成为定制，发展社会主义市场经济已成为定向之时，我们的选人用人的思想、思路、方式、方法、乃至机制、体制和制度，基本上还滞留在计划经济时期。回首过去，只看到改革开放前我们的选人和用人基本上适应了形势与任务的发展，却从没想过是战争和运动那种严酷并客观的筛选，弥补了我们选人和用人机制中的缺陷。当战争远去，运动不再的今天，由于选人和用人机制改革的滞后，尽管一些地方、部门的党委和组织部门的同志十分努力地工作，想方设法选准人，用好人，但是仍有相当一批不合格的人进入各级领导班子。如山东的胡建学、河北的李真、江西的胡长清、广西的成克杰等。有的被列为最有培养前途的后备干部，有的被快速提拔为全省最年轻的领导干部，有的甚至带病提拔进入党和国家领导人序列。

如何选准人，用好人，就当前情况来看，其路径选择可从三个方面入手：

第一，从选人和用人者入手。尽可能增加各级组织部的人员及内设机构编制，通过增加选人的力量去加大选准人，用好人的力度；尽可能提高各级组织部人员的素质，通过好的伯乐去选准千里马，用好千里马。

第二，从被选者和被用者入手。通过扩大赛马场并增加比赛场次，让更多的千里马或自认为是、或他以为是的千里马能根据自己的实力很方便地进入各种不同类型、不同级别的赛马场比赛，从而通过比赛，使斩露头角者，赢得踏实，赢得舒心；使名落孙山者，输得明白，输得服气。

第三，从改革选人和用人机制入手。用人上的不正之风是危害最大的不正之风，而且还会带来和助长其他方面的不正之风。选贤任能，关键是要建立科学的选人用人机制。深化干部人事制度改革，要“以建立健全选拔任用和管理监督机制为重点，以科学化、民主化和制度化为目标”，通过建立健全“广纳群贤、人尽其才、能上能下、充满活力的用人机制”，积极营造各方面优秀人才脱颖而出的良好环境，“把优秀人才集聚到党和国家的各项事业中来”。

改革选人和用人体制，应当注重以“三化”为重点：

一是组织部干部职业化。选拔干部，是一项专业性很强、技术含量很高的工作，需要一定数量的干部终身为之奉献。为了事业的需要，为保证程序的公正，组织部门的同志应努力职业化、专业化。“切蛋糕”的人通常不得分“蛋糕”，至少不得先分“蛋糕”。组织部的干部，一般不要交流或下派到某地区、某部门去担任职务，而应通过从优安排其职级，厚待其待遇，来稳定和巩固专司选人用人职责的队伍，避免选人用人上出现“进了组织部年年有进步”这一程序不公正现象的出现。

二是选人用人动态化。组织部的同志时常说，选准人难，用好人更难。此话不无道理。但只要认真分析不难发现，我们的选人用人通常是静态的，有的甚至是“一次性”的。因此形成一种令人特别难以理解的现象——选的人必须准，不准不能选；用的人只能上，不能上不准用。

其实，选准人和用好人都只能是相对的、阶段性的；所谓“准”与“好”，应当而且也必须是动态的、是经常性的。因为，昔时能者，今日未必能；当年优者，来年未必优。在知识经济、信息时代的新世纪，各领风骚数百年早已成为历史，能保持优势数年或数十年已非常不易。如果在“准”与“好”上过分苛求和限定，不仅“不拘一格降人才”难以做到，而且“平庸者竟得优势”当属必然。古人都明白：“贤能，不待次而举；罢不能，不待须而废。”（《荀子·王制》）“朝拜而不道，夕辞之已；夕授而不法，朝辞之已。”只要突破“一选定终身，一用定终身”的格局，真正做到“能上能下”，“可进可退”，所谓的“难”的问题就能迎刃而解。这种动态化而非静态化的选人用人，不仅能做到“能吏寻常见”，而且能实现“公廉不再难”。

三是选人和用人制度化。用人腐败之所以成为最大的腐败，其一，选人和用人的随意性太大，且透明度太低，暗箱操作的机会太多；其二，给所用之人（主要是“一把手”）的权力太大，权力的含金量太重，且监督不力，制约不足。这两条概出自我们选人和用人的制度缺陷。在一些地方和部门，少数人选人，在少数人中选人，成为选用干部的基本方式；“等级授职制”而非选举制，成为任用干部的基本方法；高度机密，暗箱操作，成为干部工作的基本特点。受这“三个基本”的影响，于是在一些地方和部门，既通行着“说你行，你就行，不行也行”的一言九鼎；同时也流传着“说不行，就不行，行也不行”的载道怨声。要把中央提出的“坚持用好的作风选人、选作风好的人”的要求落到实处，就必须“坚持走制度创新的路子，用科学的选人和用人制度来保障把人选准用准”。因为“加快干部人事制度改革步伐，完善制度，健全机制”的制度化之路，既是防止用人腐败、克服“任人唯亲”的有效措施，更是从根本上解决选人用人问题的关键。

改革选人和用人机制应当成为上述“三个入手”中的首选方案。要通过认真落实《深化干部人事制度改革纲要》，坚决贯彻《党政领导干部选拔任用工作条例》，积极推进选人用人机制的改革。一是中央确定的有关干部人事制度要坚决执行；二是各地经过改革试点已经成熟了的经验要尽快形成制度，积极推广；三是还不成熟的改革试点要继续探索、总结教训、积累经验；四是改革选人用人机制中一些亟待解决的问题要尽快拓宽视野，寻找思路，抓紧试点。通过努力，尽快形成一个既有利于优秀人才脱颖而出、健康成长、人尽其才、才尽其用，又有利于防止和纠正用人上的不正之风的科学机制。选人用人机制、体制、制度的改革，可以在职业化的基础上，精减组织部的编制，加强其职能；可以强化对所选所用之人进行及时、有效地动态监管；更重要的是，选人用人中的“人治”局面会逐渐被打破，随着选人用人方面制度建设的不断推进，不仅会有越来越多的人积极投身于“各类赛场”中去比赛，而且会有越来越多的人主动参与到选人用人的工作中去。

随着对干部特别是领导干部选拔任用和管理监督机制的建立健全，随着“党员和群众对干部选拔任用的知情权、参与权、选择权和监督权”的不断扩大，我们就能依靠制度的力量和民主的力量，“在改革和建设的实践中考察和识别干部，把那些德才兼备、实绩突出和群众公认的人及时选拔到领导岗位上来。”有了科学的选人和用人机制，我们就能“培养造就大批善于治党治国治军的优秀领导人才”，就能“建设高素质的领导干部队伍”，就能“形成朝气蓬勃、奋发有为的领导层”。

只有在制度的保障下，各级党委、各级组织部门、各级领导干部的爱才之心、识才之智、容才之量、用才之艺才能得以充分显现和发挥，才能以对党和人民高度负责的态度，切实把好选人用人关。只有在积极推进经济、政治体制改革的过程中，对沿用于计划经济时期的这套选人和用人机制进行认真改革，我们才能真正实现邓小平同志所说的:“在经济上赶上发达的资本主义国家，在政治上创造比资本主义国家的民主更高更切实的民主，并且造就比这些国家更多更优秀的人才。”（《邓小平文选》第三卷 322 页）

第三章　制度反腐须化解腐败呆账——有条件赦免

由于历史的原因，相当多的官员都有些或多或少灰色、黑色收入，时间上的马上和空间上的全部公示，要么让大多数官员半真半假地形式公示，要么让大多数官员的形象和利益受损，要么让监督机关、办案机关左右为难。只能新人新政策、老人老办法，慢慢解决这个问题。就像滇池的水已经污染为劣质的五类水，怎么办？把滇池里的水全部抽掉，滇池的生态就彻底破坏了。如果把滇池全部填埋，那将是千古罪人。经科学论证，办法是不断地将金沙江的水，注入滇池，让污染的浑水慢慢地流出去，十多年后，滇池的水就能变为三类水。解决腐败呆账，必须找到一个积极稳妥的理智办法。

反腐不仅是一项长期的艰巨斗争，而且是全党的一项重大政治任务。邓小平同志很早以前就曾指出，改革开放搞多久，反腐败就要搞多久。这些年来，人们对反腐效果的思考一直没有停止，可惜的是过多依赖于中央的一个积极性，过多地局限于加大惩处强度的思维定式。反腐败斗争的实践已经反复证明，加大惩处强度，并不一定就能加大反对和预防腐败的力度。当下，必须正视已经形成的腐败呆账，并通过有条件赦免的方式，化解历史形成的腐败呆账，防止呆账变成死账。唯有如此，才能为“输不起”的反腐斗争创造一个有利的空间和时间。

一、正视腐败已经形成的呆账

当前有多少腐败呆账？改革开放30多年了，到底形成了多大规模的腐败呆账，大概很难有人说得清楚。

镜头一：2010年1月15日，巫山县交通局原局长晏大彬依法被执行死刑。晏大彬任局长7年来，受贿

2226万元，相当于当地年财政收入的20%，被称为“重庆第一贪”。而晏大彬案发，既不是纪检监察机关，也不是司法机关，还不是案中案牵出和群众举报，而是自己的一处未入住房屋的厕所水管爆裂，漏入楼下住户，叫来民警和物管人员，翻窗而入修水管，才发现厕所里已被水浸泡着939万元巨款……

镜头二：2011年7月19日上午，同日被执行死刑的杭州市原副市长许迈永、苏州市原副市长姜人杰，受贿金额均超过亿元。其中，姜人杰一笔受贿就超过8000万人民币。

镜头三：姜人杰所创造的全国单笔受贿最高纪录仅仅保持了几个月，即被中国石油化工集团公司原总经理、中国石油化工股份有限公司原董事长陈同海以单笔受贿1.6亿元刷新！

镜头四：如果说，厅局级、省部级领导干部，因为大权在握，能有如此巨额的受贿还可以理解，那么，一个县煤炭局长、正科级干部郝鹏俊家中竟然查获了3 .05亿元违规违纪资金，仅北京、海南等地35套房产的合同房价款就达1.7亿元；还有个人存款1.27亿元。郝鹏俊不仅被处以重刑，还被判处1 .7亿元的巨额罚金。

上述零星个案，如还不足以说明腐败已经形成呆账，那么以下的一组数据对比，或许可以得到一些印象：

我们将 2003 年中央纪委第一次公开报道的 13 名省部级腐败高官，与 2010 年有关媒体搜集被判刑的 11 名省部级腐败高官的相关数据作一对照，可以发现这样一些情况。

一是金额增加。2003 年，人均受贿贪污金额 419 万元；2010 年人均受贿贪污金额 983 万元，是前者的 2.35 倍。说明腐败高官的犯罪金额的增幅，远高于并快于经济的增长速度。

二是死刑增多。在 2003 年查处的 13 名省部级腐败高官中，判处死缓以上 3 人（含死刑 1 人），占 23%；2010 年 11 人中，判处死缓 7 人，占 63.6%。说明死刑已经难以震慑腐败高官。

三是罪刑加重。在 2003 年查处的 13 名省部级腐败高官中，判处无期徒刑以上的有 7 人，占 53.7%；2010 年 11 人中，判处无期徒刑以上的 11 人，占 100%。说明高官腐败问题的延时效应还在加长，一旦暴露，就得无期以上的重刑伺候。

四是“一把手”高危。在 2003 年查处的 13 名省部级腐败高官中，“一把手”7 人，占 53.7%；2010 年 11 人中，“一把手”8 人，占 72.7%。说明“一把手”越来越成为名副其实的高危岗位。

五是京官落马。在 2003 年查处的 13 名省部级腐败高官中，京城高官仅 2 人，占 16.4%；2010 年 11 人中，京城高官增至 5 人，占 45.4%。说明在政治生态较好的京城，权重较轻的部委，腐败的易发多发也在滋长蔓延。

“十八大”中央强力反腐以来，仅 2013 年，全国就有 18.2 万名党员和公职人员受党纪政纪处分，平均每天近 500 名；全国 3 万多干部因违反“八项规定”被处理，平均每天 82 名。近两年来，50 多名涉嫌违纪违法的省部级及其以上高官被查处，平均每月 2 名多。截至 2014 年 7 月 31 日上午 10 点，被中紀委网站通报涉嫌违法违约纪的官员中，厅局级以上干部达 300 多名。

“病，非人夙来之物也，能得之，亦能除之。未除者，未得之法也。”（《黄帝内经·素问》）如果我们敢于正视呆账已经形成，那么，我们就应该认真探讨腐败呆账是如何形成的？

渐进式的经济体制改革，使权力含金量也渐进式地相应增加。但由于缺乏渐进式的政治体制改革与之配套，对权力的制约也就渐进式地削弱。于是，腐败现象渐进式地滋生蔓延，腐败案件渐进式地易发多发，干群关系渐进式的疏离紧张，两极分化渐进式地加大严重……

而反腐战略却重在查处腐败末端的个案！于是，腐败呆账就年年赤字，届届积淀，形势“依然严峻”，任务“依然繁重”并“依然艰巨”。

如果我们用“绝不赦免”的方法，可以推算，腐败呆账只会越来越多，存量会越来越大，抵抗也会越来越顽强，最后可能出现鱼死网破，甚至鱼未死网已破的态势。当前，日益严重的“不作为”现象，就是消极抵抗的一种折射。

二、有条件赦免以化解腐败呆账

中国30多年经济发展的跨越式、超常规，为腐败的跨越式、超常规提供了物质条件。所以，科学合理的处理腐败呆账和存量考验着我们更大的政治勇气和智慧。

纵观古今中外的改革，没有一个无争议。争议是改革的常态，最广泛的争议，往往蕴藏着最大的改革动力和改革红利。

当前，民众绝不赦免的心态表现得越是强烈，支持绝不赦免的占相当大的比重，这是好事。因为它是反腐败的动力而不是阻力。正是有群众不同意赦免的压力，坚决地、决绝地和腐败作斗争，才有可能形成迫使贪官和问题官员如数退赃的态势。如果绝大多数民众都同意赦免贪污，那么有条件赦免就会变成无条件赦免，反而不是好事。

现在，最重要的是在公众对腐败的零容忍和反腐改革的现实性之间，如何寻找一个平衡点？如何能够使得公众与改革推动者相互妥协？

人治社会向法治社会转型，在这个过程中，尊重民意并不等于事事必须征得民众的同意。因为人治向法治转型，它必须要有一批勇于牺牲、敢于务实，尊重真理的人来引导人治向法治转型。但是这并不是不尊重民意。南非图图大主教在曼德拉当选总统以后，说过这样的一句话，“没有宽恕就没有未来”。其实，政治就是谈判的产物。有条件赦免，也是一种讲政治，也需要退一步进两步。

因为我们所寻求的是人民群众的长远利益、根本利益。有条件地赦免贪官，迫使他交出来的赃款有利于改善民生，有利于防止他把钱带到国外去，有利于避免他作困兽之斗，这实际上是一举几得。这是从战略的高度来认识和谋划，而不仅仅是从战术角度考虑，把每一个贪官都丢进监狱或枪毙。因为，当前腐败呆账存量巨大，就像一个湖泊，一个水库，几十年没有认真捞鱼，这时用网眼最小的网，小鱼、中鱼、大鱼一网打尽，最后就是鱼死网破。把所有问题官员全部彻查，可能性和现实性不大。需要先选一个网眼适中的，先把大鱼打捞出来。无论是沈阳慕马案，还是赖昌星的厦门远华案，或是黑龙江韩桂芝案，都是对一些问题官员进行有条件地赦免，才能集中力量把领头的腐败分子抓出来。如果不分化，他们会紧密抱成一团，困兽犹斗。高压态势形成之后，可以多搞几场战役，缴枪不杀，把有中小问题的官员分立出来，集中把大贪腐的官员打了，然后就能化消极为积极，变阻力为动力。这就是推行“有条件赦免”的制度考量。

实际上，17 年前由湖南省委组织部王明高、湖南省纪委唐东平等 20 多名专家学者及司局级干部与多家单位联合组成的“新世纪中国惩治和预防腐败对策研究”课题组经过研究分析也证实了上述现状。为此，课题组认为建立遗产税、赠予税，实施“金融实名制”、健全“家庭财产申报制”、完善并健全防止资金外逃的相关法律，建立特种审计制度，都是制度反腐的治“本”之策，而以设立全国退赃公开账号为核心，以发布“特别决定”和采取相关配套措施为手段，通过标本兼治，打防结合，运用政策和制度的力量，才能最终遏制腐败的滋生蔓延。

在具体施行上，课题组建议全国人大、中央纪委、高法、高检、监察部等机关实施“特别行动”即“一二三工程”：

——设立一个全国退赃的公开账号。退赃者可在全国任何一个县以上国有商业银行匿名退赃（也可由亲友代退）。退赃时，只需分栏目按“特种资金缴款单”（一式三联）上的时间、金额、来源三项填写，无需公开本人任何情况。

——实行两项特别决定。一是对在规定期限内，主动并如数退赃者，无论职级高低和问题大小，无论问题将来是否暴露，一律不给任何处分，一切待遇不变。二是对在规定期限内，拒不退赃或不如实退赃者，一旦案发，凡触犯刑律的，一律开除党籍、开除公职；一律按最高量刑标准处罚。

——采取三条配套措施。一是在存款实名制的基础上，完善国家公职人员家庭财产申报登记制；二是提高国家公职人员待遇，以俸养廉；三是建立健全举报制度，最高奖励举报者 50% 的追缴赃款。

课题组的这一设计方案被称作“反腐特别行动”。

三、对“反腐败特别行动”的再认识

“反腐败特别行动”是战斗在反腐败第一线的实际工作者和理论工作者的探索和创新，而不是腐败分子的发明与创造；想用“静悄悄的革命”来解决“腐败呆账”，而不会影响大局的稳定；想以最小的投入取得最大的产出，是支持长期反腐败斗争的最佳方案，而不会使反腐败斗争入不敷出；是分化瓦解腐败分子，增强壮大反腐败力量的重要举措，有利于掌握斗争的主动权，而不会使腐败分子作困兽之斗。它体现了群策群力的精神，是调动多个积极性的探索，是运用政策的力量解决大面积问题的尝试和突破，而不会让“腐败呆账”越积越多下去。

反腐不仅是一项长期的艰巨斗争，而且是全党的一项重大政治任务。邓小平同志很早以前就曾指出，改革开放搞多久，反腐败就要搞多久。这些年来，人们对反腐效果的思考一直没有停止，可惜的是过多依赖于中央的一个积极性，过多地局限于加大惩处强度的思维定式。

反腐败斗争的实践已经反复证明，加大惩处强度，并不一定就能加大反对和预防腐败的力度。“反腐特别行动”从另一个角度的启示是：对于30多年来因体制机制制度欠缺所形成的“腐败呆账”，是否需要清算，如何进行清算？

对于前一个问题，敢于公开说“不”的极少；对于后一个问题，能够潜心研究拿出有价值的对策建议的也极少。当前易发多发的腐败态势，决定了并不是所有腐败案件都能彻查严处，于是，“腐败呆账”也就越积越多，以致因积重难返，一些地方已经出现法不责众之势。

这些年，尽管腐败分子只是极少数，但是有腐败行为的人却为数不少。如果不给以出路，这些人要么随腐败的惯性，越滑越远；要么抱成一团，顽抗到底。反腐败既可以用加法，通过不断加大投入，加强力量，加重惩处的强度来反腐败；也可以用减法，通过分化瓦解，分而治之，各个击破，以小的投入取得最大的产出。“反腐败特别行动”体现了一种标本兼治、综合治理、惩防并举、注重预防的反腐战略方针，与“十六大”和“十七大”提出的反腐思路是一致的。

腐败也有三种时态：即过去时、现在时和未来时。针对不同情形的腐败，与之斗争的策略也应分别对待。例如，对将来可能出现的腐败应主要通过预防解决；对现在正在进行的腐败应该通过严惩来解决；而对于过去已经发生的腐败，如果仅从道义的角度或者义愤的情绪出发，一味地实行严惩，实际效果往往较差。

战争年代，我们就有“缴枪不杀”的政策。对30多年来的腐败呆账到底怎么办？如果一味彻查严处所有以前发生的腐败呆账，无论是财力、物力和精力都难以做到。但是，如果一笔勾销，不仅老百姓不会答应，而且那些官员背着腐败的包袱也没法轻装前进。同时，被侵吞的国家集体资产如果不追回来，也不利于巩固我们的主体地位和经济基础。因此，必须有一个科学合理的方案，而“反腐特别行动”恰恰能够解决这些问题。

主张追究、清算腐败原罪的动机无可厚非。但是，问题的关键不是要不要清算，而是要看能不能更科学合理地清算。反腐的过程，也是制度改革、制度创新、制度建设的过程。反腐败作为一项系统工程，必须认识到它的困难和复杂，必须讲究科学的方法。

如果没有一定的变通，不仅许多大案要案窝案串案或者勉强攻下，或者久攻不下，或者坐失良机。反腐败不能停留在理想化和情绪化的层面，必须寻求对过去的腐败呆账如何科学合理化解的最佳方案，这也是“反腐败特别行动”课题得以出台和发展的背景。

“反腐败特别行动”中的廉政账户只是反腐败特别行动中的一个环节。不能简单地认为只要有廉政账户，出了问题的人就会去上交非法收入。反腐败必须既要给够压力，又要给够出路。不给压力，扫帚不到灰尘不会自己跑掉；不给出路，想改邪归正的也会顽抗到底。因此，压力必须给够，必须始终保持查处案件的高压态势，不能让腐败分子心存侥幸。必须用事实教育他们，如果一旦查出来，只会受到更加严厉的惩处。另一方面，出路也要给够。要从法律、纪律、政策上作出特别规定，只要在规定时间把赃款如数交出来，一旦将来问题被揭发出来，或者因其他原因暴露出来，也不会因此而被处罚。

“反腐败特别行动”肯定会遇到不同的声音。当年反对“包产到户”的呼声也很大，“辛辛苦苦三十年，一觉睡到解放前”。但在邓小平同志坚持下，农村改革取得了显著成效。改革不仅是理论上的创新，更主要的是实践上的突破。中央不仅提出了哲学社会科学与自然科学的“四个同等重要”，而且提出“以更大决心和勇气”，推进反腐的改革创新，为这个课题能进行试点带来很大的希望。

政治是妥协的艺术。20 世纪 70 年代的香港，腐败程度并不亚于当前的大陆。但是，香港廉政公署的成立，化解腐败呆账，权力分解等制度的改革配套，使香港很快走向清廉，并在亚洲名列第二。

执掌也门权力 33 年的总统萨利赫顺利签字交权。萨利赫家族及其利益集团的核心成员也因此获得了豁免权。尽管有些人对独裁者以交权来换取豁免很有意见，认为这有违终极公正。但更多的人认为，这就是政治的理性，政治的艺术！也门很可能因此付出代价最小，而赢得的各方最多……

被媒体称之为“反腐败特别行动”的“新世纪中国惩治和预防腐败对策研究”课题，一经报道，即成为报刊乃至网络议论的热点和焦点。

有人评价它是解决30多年“腐败呆账”而设计的一张恢恢天网，虽疏却不漏。那些不如实退出全部赃款的人，永远难以逃出这张天网；也有人称其为“馊主意”，认为它是在替腐败分子“赦免原罪”，是在“藐视法律”……

纵观历史，创新总是与争议相伴而行。但有争议的并不一定都有价值。“反腐败特别行动”到底有无价值，是好主意还是馊主意？不妨先看看争议的焦点和问题的基本点。

当前，对于“反腐败特别行动”的争议，主要集中在这么三点：

其一，“反腐败特别行动”是否等于“赦免原罪”。有腐败行为的人或已经成为腐败分子的人，如果如实、如数退出全部赃款，一律不再追究；如果不如实、如数退出全部赃款，则必须按所留赃款依法从严从重惩处。这一对策建议应说不上是“赦免原罪”。其实，前些年哈尔滨“国贸城案”、广东“湛江走私案”之所以成为查办案件的成功范例，关键在于都运用了讲政治和讲政策的力量，都在党纪、政纪乃至法纪方面作了相当的变通。如此才能迅速有效分化腐败团伙，集中力量打击重点对象。

其二，“反腐败特别行动”是否等于“一纸空文”。有人根据1989年“两院一部”颁布的《通告》，以后没有再次使用，由此断言“反腐败特别行动”也不过是场儿戏。其实，据当年公开报道，“两院一部”《通告》颁布后不到两个半月时间，投案自首或主动交代问题的达5.3万多人，涉案赃款4.6亿多元，仅县处以上干部就有1480人，其中厅局级61人，部级1人。当时《通告》开的口子不过是从宽处理，效果就如此明显。现在，我们的经验更丰富了，“反腐败特别行动”应不会无用。

其三，“反腐败特别行动”是否等于“藐视”现行法律。“反腐特别行动”虽然没有拘泥于当前党纪政纪的处分规定和法条，但却遵从了法治精神，贯穿了坚决反对和防止腐败的思想，体现了制度反腐的理念，是斗争深入发展的要求，与注重治本是一脉相承的。

只要是以求真务实的精神，坚持反腐败工作的与时俱进，就可以清楚认识到，面对腐败现象依然严峻的态势，在关系到党和国家的生死存亡的前提下，反腐败必须敢于突破常规思路，寻求新的途径来解决问题。因此，反腐倡廉也要与时俱进，改革创新。

“十八大”以来，中央要求要认真总结推广基层实践经验，大力推进反腐倡廉建设创新。特别是习近平总书记在中央深改组会议上强调，鼓励各地大胆探索，争当改革的促进派和实干家。希望中央像当年搞经济特区一样，选择合适的地方，划出区域来进行“反腐败特别行动”试点。实践是检验真理的唯一标准。“新世纪中国惩治和预防腐败对策研究”这一课题，设计的到底是“天网”还是“漏网”，主意到底“馊”还是“不馊”，最终结果到底是成功处理了呆账，还是把呆帐变成了死账？结论，只能由试点的实践来回答。

第四章　制度反腐须发动群众有序参与

习近平总书记强调，要发挥人民群众的主体作用，体现以人民为中心的发展理念，腐败表面上看是挑战既有的权力秩序，但损害的是群众的根本利益，故人民群众对腐败最痛恨，反腐态度也最坚决。因此，必须切实改变当前这种仅限于专门机关孤军作战单打独斗反腐败的局面，“依靠群众的支持和参与”，发挥民众在反腐中的伟大作用。因为，民众才是腐败最直接的对立物，民众中深藏着反腐败的强大动力，应充分发挥民众对腐败的举报作用。此外，批判的武器不能代替武器的批判，民众虽有参与反腐的积极性，但要持续组织调动和引导这种积极性，还需要有相应的物质鼓励。必须发挥网络反腐的平台作用。十七届中央纪委七次全会公报强调，要健全网上舆论引导机制，发挥互联网等新兴媒体在促进反腐倡廉建设中的积极作用。充分利用网络这个最大的平台，使人人起来监督党委政府成为可能，而我们各级党委政府在如此公开便捷且影响力如此之大的网络平台前，就不会也不敢稍有懈怠。

一、人民群众是反腐败的主力军

反腐败是一场人民战争，人民才是反腐败的主力军。但在实际斗争中，群众支持和参与却落不到实处。在信息时代，网络平台的广泛、快捷、方便、低廉，使网络反腐独具中国特色。当前，需要我们以疏导而非阻挠，回应而非回避，引导而非领导的态度应对现阶段的“网络井喷现象”，使人民群众能广泛、积极、有序地参与反腐败斗争。

党的“十五大”报告提出了反腐败的领导体制和工作机制:“党委统一领导，党政齐抓共管，纪委组织协调，部门各负其责，依靠群众的支持和参与。”这些年来，前四句话都有不同程度的落实，第五句话仍需进一步落实。按理说，群众是腐败的直接对立方，群众又是反腐败最伟大的动力源，但在我们多年的反腐过程中群众所起的作用仍有待提升。腐败表面上看是挑战既有的权力秩序，但损害的是群众的根本利益，故人民群众对腐败最痛恨，反腐的态度也最坚决。一方面是群众对反腐的期望值不断升高，一方面若只依靠专门的反腐机关孤军作战和单打独斗，成效只能限于治标方面，而没有精力、能力、时间和空间解决治本的问题。

2004 年颁布了《中国共产党党内监督条例（试行）》，标志着我们开始向制度反腐迈步，但真正的制度反腐还没有形成。“十八大”报告中说，“（腐败）这个问题解决不好，就会对党造成致命伤害，甚至亡党亡国”。请注意，这句话前面没有“如果”，后边不是“将会”，语气之严峻，态度之严肃，警醒之严重，足以令我们深思。

所以，反腐斗争要取得胜利，一靠战略决策，二靠人民的支持和参与。这可以借用我们国内革命战争，特别是解放战争的成功经验。很多人都认为共产党当时能打败国民党是战术好，战斗力强。但从根本上说，我们是靠政治战略赢得了民心民意，靠军事战略赢得了主动。得民心者得天下，而不是得战术者得天下。我们没有那么正规的军校，国民党的军官和士官都是正规培训的，都比我们厉害。他们之所以打不过我们，不是战术的错，而是政治和军事战略的失误。更重要的是，我们得到了人民的支持，光淮海战役就有 200 多万民工积极支前。于今日而言，我们应该为群众支持和参与反腐提供更多平台和渠道，不能封闭这个平台和渠道，让群众只能期望而无法参与。

习近平总书记上任之初三天之内两次谈到“警醒”：在 2013 年 11 月 15 日首次与中外记者见面时提出“全党必须警醒起来”，又在 2013 年 11 月 17 日政治局首次集体学习时指出“腐败问题越演越烈，最终必然会亡党亡国！我们要警醒啊！”这些年来，党的干部队伍中出现了不少重大的违法违纪甚至腐败问题，造成了严重的负面影响，损害了的党和政府的公信力，反腐败工作已经到了必须取得突破的时候，否则就会失去机会。

由于 30 多年来群众一直是反腐败的旁观者，想参与没平台，想支持无渠道，致使腐败滋生蔓延，易发多发，查处腐败分子的级别、金额都在不断增加，致使腐败没有得到有效遏制，形势依然严峻，任务依然艰巨。作为腐败直接对立物和反腐败主力军的群众却只能作为旁观者，期望值持续上升，在这种情况下，网络反腐应运而生，成为中国特色，实际上互联网时代在各国都没有催生网络反腐，而在中国却产生了网络反腐的强大效应，我们必须认真研究这个现状，从而找到引导网络反腐的正确方法。

根据中国青年报最近的社会调查显示，66.6% 的受访者坦言很关注当前的反腐工作，76.6% 的受访者期待未来十年国家的反腐败力度进一步加强。调查中，77.8% 的受访者明确表示，期待“十八大”后有关方面能提供更多便于老百姓参与反腐败的渠道，其中 50.2% 的受访者表示“非常期待”。59.9% 的受访者表示，将来如果发现腐败现象，会直接或间接地投入到反腐斗争中。

网络反腐是利用现代化的高科技工具反腐，在实践过程中会有利有弊，但是利大于弊，只有建立在这个认识的基点上，我们才能够正视网络反腐，支持网络反腐，同时又要引导网络反腐，以避免被坏人所利用。

江苏淮安的“阳光纪检”就充分说明，540 万人的淮安，一年多的时间民众点击量接近 6300 万，这说明：第一，积极性，群众有参与网络反腐的积极性；第二，有序性，淮安“阳光纪检”有接近 6300 万的点击量，但是淮安的政治、经济、社会、文化生活都没有乱；第三，有效性，不正之风得到了遏制；第四，拓展性，由“阳光纪检”拓展到政务公开、党务公开，包括干部家庭财产的公示，都在分步进行。只要各级党委政府能力强引导得好，网络反腐会成为依靠制度的力量，动员群众参与反腐的一个利器。

江苏淮安的例子，说明群众参与反腐有积极性和有序性，也具备有效性。因此，在接下来的反腐败斗争中，如何发掘人民群众反腐的积极性呢?

二、提高人民群众反腐的技能

1. 公开宣传举报贪污、腐败的方法和措施，提高人民群众识别腐败的能力。如可以将常见的腐败形式、腐败高发的部门、领域列举出来，供群众学习。培养反腐意识，可以在小学、中学及大学的政治法律课本里将腐败的形式、常见的贿赂手段等例举出来，从小就培训孩子们的反腐意识。

2. 引导人民群众在举报腐败的过程中合理地保护自己。例如，如何在举报中提供线索而又不被被举报人发现。当然，同时要完善，纪委、检察、监察等部门接收群众举报的途径。

三、完善人民群众参与反腐的措施

1. 扩大人民群众对政府公务信息及官员行为的知情权。政府信息公开是人民群众能否获知官员是否存在问题的一个前提，也是人民群众实施监督的一个重要途径。因此，应进一步完善政府信息和官员行为的公示方式、方法。制定完善的政府信息公开法，让权力在阳光下运行，以保障人民群众的知情权。

2. 充分发挥网络反腐的有利资源，为群众反腐提供便利、有效的网络平台。

互联网时代为每个公民的言论自由搭建了最大最广最快的平台，也为网络反腐提供了一个很好的渠道。网络反腐能够通过制度反腐，实现权力反腐和权利反腐有机结合。公众利用网络可以直接向党的纪律检查机关、行政监察机关、司法机关进行举报，减少了很多中间层级，同时还能把很多问题公开化。所以网络反腐也已进入中纪委的报告，受到党和国家领导人的关注。于今日而言，我们应该为群众支持和参与反腐提供更多的平台和渠道，不能封闭这个平台和渠道，让群众只能期望而无法参与。比如，江苏淮安建立了一个名为“阳光纪检”的民间网站开展反腐工作，在一年多时间里，该网站就有 6300 万人次的点击量（淮安市人口不到 540 万），说明群众参与反腐有积极性和有序性，也具备有效性。

现在反腐是个人反腐，社会组织对反腐的政治参与还没有形成气候，下一步希望能进入群自为战、社会组织为战的阶段。而网络为民众参与、支持反腐进行了开拓，搭建了前所未有的平台，开拓了前所未有的渠道，这个就是我们能够由网络的个体反腐转向社会反腐的基础。

说起网络，自然要讲互联网。1969 年美国国防部远景研究规划局为军事实验而建立了网络，初期只有四台主机，其设计目标是当网络中的一部分因战争原因遭到破坏时，其余部分仍能正常运行。1986 年在美国国会科学基金会的支持下，用高速通信线路把分布在各地的一些超级计算机连接起来，经过十几年的发展形成互联网。90 年代初，中国作为第 71 个国家级网加入互联网。

足不出户便知天下事，网络吸引着越来越多的用户加入其中。截止去年底，我国共有网民 5.64 亿人，手机网民 4.2 亿人。如此迅猛的发展速度，网络的承受能力也面临着越来越严峻的考验。

信息时代助推权利时代，信息技术助推权利觉醒。网络反腐，作为互联网时代的一种群众监督新形式，利用其平台大、传播快、公开广、成本低、受众多的优势，易于形成舆论热点，在成为当前权利监督权力的一种新的重要形式的同时，也成为现行权力监督制约权力体制明显不足的有力补充。

作为互联网在反腐败中的强大监督作用得到广泛认可的一个重要标志，2009 年《中共党建辞典》收录了“网络反腐”一词。网络反腐，即通过网络技术及所引起的社会舆论效应对权力行为的监督约束，从而达到有效预防、惩治腐败的一种新方式。就我国现阶段反腐败斗争而言，没有网络技术，民意表达缺平台、少渠道；没有便捷及时广泛的民意表达，执政能力难有改进的压力和提高的动力；没有执政者为民、务实、清廉的理念和追求，民意表达会熟视无睹，网络技术会束之高阁。

网络反腐，通过对网络技术、民意表达、执政能力的有机整合，在形成明确概念的同时，聚集了巨大的社会力量，从而逐步推动阳光下“扁平社会”的建立和精英化 执政团队的建设。

在十八届中央纪委第二次全会上，中共中央总书记习近平强调指出，“加强对权力运行的制约和监督，把权力关进制度的笼子里，形成不敢腐的惩戒机制、不能腐的防范机制、不易腐的保障机制”。“十八大”后，中央最高层对腐败形势有四个“前所未有”，这个清醒的认识前所未有，重视的程度前所未有，直面问题的勇气前所未有，采取的行动也是前所未有的。“十八大”后一系列反腐动作的相继展开，从中央到地方均能明显地感觉到，反腐败斗争在不断提速。而这一提速，又最集中地表现于网络反腐。

2013 年 1 月 17 日，网络反腐中出现了第一个被免职的省部级官员。新华网称这位官员“因为生活作风问题不适合继续在现岗位工作”。异军突起因色诱而被拍不雅照的重庆市北培区原区委书记雷政富，从被网络曝光到被免职，只用了 63 个小时，创下了迄今为止最快的网络反腐记录。

在新一届党中央、中央纪委的“四个前所未有”下，传统的纸媒与新兴的网媒，有组织的媒体与无组织的自媒体，自觉或不自觉地形成一个多维度、多立面网络，正自发，或群发地对各级官员进行监督检查、权力公开、财产曝光。21 世纪的信息时代、网络时代特征，在使人人握有麦克风，个个都有电视台，家家都能办报办刊由可能变为现实的同时，也几乎实现近 70 多年前，毛泽东与黄炎培的“窑洞对”中的那句名言，“只要人人都起来监督政府，政府就不敢懈怠”。

早在党的“十五大”报告中，就将“党委统一领导，党政齐抓共管，纪委组织协调，部门各负其责，依靠群众的支持和参与。”明确为反腐败的领导体制和工作机制。但是，18年来，前四句话有不同程度的落实，唯独最后一句“依靠群众的支持和参与”，最为薄弱。当年，我们打天下时，深知“战争之伟力最深厚的根源，存在于民众之中”。而在开展这场没有硝烟的反腐之战时，尽管在纸上、嘴上、墙上都强调要“依靠群众的支持和参与”。但是，在行动中、实际中、过程中，群众想参与缺平台，想支持少渠道！群众本是腐败的直接对立物和反腐败的主力军，却不得不冷落为旁观者！

这些年来，我们一直仅仅依靠反腐败专门机关和职能部门的孤军作战、单打独斗，所取得的“明显成效”，多停留在治标层面；所取得的“阶段性成果”，常常难以巩固；所取得的各种“小胜”，均无法积累为“大胜”。30多年的反腐，不但滋生蔓延、易发多发的反腐形势“依然严峻”，反腐任务“依然艰巨”，而且还“越演越烈”。

民众作为反腐的主力军，其作用不容忽视。网络反腐迅速、便捷、传播广、影响大。同时，网络反腐也从另一个角度折射出传统渠道的不畅，以及民众反腐的迫切愿望和对清廉政治的向往。作为反腐主力军的民众，为何对官方已有的举报渠道，缺少应有的热情，而对网络反腐却情有独钟，值得我们认真思考。

我国的网络反腐承担了现阶段它本身不应承担的过多责任。目前全世界各国的网络反腐都没有中国火爆，应该认真反思这种现象。网络反腐的火爆高潮，是因为其它反映腐败问题的渠道或者不畅、或者受阻、甚至或许早已缺失。于是，这从一个侧面提醒，我们的其它反腐渠道已有相当问题或者已严重带病工作。网络反腐的井喷现象，说明斗争的压力大；反腐斗争的压力大，说明民意表达的渠道少；民意表达的渠道少，或印证权力结构、监督体制有病不管用，或折射出对民意管制太多道不通！中医有言：通则不痛，痛则不通。表现于网络上的反腐积极性，主动性和创造性，其实是民众运用网络，开展的网络公开，网络监督，网络问政。

为了拓宽反腐言路，“十八大”以来党中央和中央纪委主要领导发出两个重要信号：一是中央纪委书记王岐山在“十八大”后召开的首个专家学者座谈会上，鼓励大家敞开讲，说真话，“网上的舆论，包括骂声我们都要听，更何况大家提的各种意见？”二是习近平总书记在中南海迎新春座谈会上，明确提出“对中国共产党而言要容得下尖锐批评”。

在中央的号召下，今后网络反腐，可能会出现“五大转向”：一是在主体上，将由人自为战，转向群（体）自为战、团（体）自为战；二是在客体上，将由基层腐败官员，转向中高级腐败官员；三是在层次上，将由一眼就能看见的浅层腐败，转向深层腐败；四是在类型上，将由权钱一次性简单交易，转向权色、权权等多次、复杂甚至无痕交易；五是在方式上，将由自发式反腐，转向自主式反腐。

目前体制下，面对不少网络聚焦腐败官员的“揭而不露”“反而不倒”“高调处理、低调处罚”等现象，应该尽快理顺网上和网下联动追踪、管理惩处机制。一是联网，单网眼难有效果；二是归口，不归口难见功效；三是回应，不回应泥牛入海；四是及时，不及时影响威信；五是保护，不保护容易自生自灭；六是奖励，不奖励难以持久。

网络反腐的出现和走强，既是对反腐败“专门机构”孤军作战的及时补课，也是对广大民众袖手旁观的努力纠偏，还是对多年来反腐形势与任务的“两个依然”的反弹井喷。当然，凡是有利必有弊。网络反腐对一些执政能力不强甚至低下的党委政府来说，其弊有二：一是社会管理上，容易出现无序；二是党政公信力上，容易出现下降。

从方便控制和易于管理的角度来看，以权力为载体的反腐方式，最方便管理和控制；以运动为载体则次之；到以网络为载体就更差！但是，如果从上述三种载体的承载量和民意体现的充分性角度来看，却成明显的反比。半个多世纪前，邓小平指出："报纸最有力量的是批评和自我批评"。但为什么现在没有报刊反腐、电台电视反腐？是因为没有力量，还是因为控制太紧？于是，不易被管理控制却方便民意表达体现的网络，便充当了广大民众反腐的新载体！因此，我们各级党委政府在网络反腐这个问题上要认真思考：是为眼前短暂的时空控制，而牺牲长远的根本利益；还是为了中华民族的伟大复兴，不断反思不足，深化改革，提高执政能力？对网络反腐的看法和做法，同样事关以人为本，立党为公，执政为民？

基于对网络反腐的理性思考，似可得出三点结论性意见：一是正确认识当前井喷式网络反腐，是一种非常态化现象。当各种反腐渠道均能及时有效表达民意之日，也是网络反腐回归常态之时；二是辩证分析并肯定网络反腐，有利有弊，但是利大于弊；三是坚持“三要三不要”原则，善待并做好网络反腐。“三要三不要”：要疏导不要阻扰，正在井喷的东西你硬去强制性堵塞，肯定容易出问题；要回应不要回避，你一回避就被动，之后再发布的信息即使是真实的，都可能因关键时刻的失语闭声，而失去话语权，丢掉受众；要引导不要强求领导，网民们往往不以谁的权力大小为评判，只以谁讲的及时性、真实性、有理性的程度为标准！各级党委政府只要积极主动地从提高执政能力上入手，正确认识和对待网络反腐，网络反腐肯定利大于弊。当其他表达反腐民意的渠道逐渐恢复正常以后，网络反腐也会回归其正常状态。

有了这样三个态度的话，我们就能够由量变到质变，就是将个人的无序反腐变成社会组织的有序政治参与，就由各自为战的单打独斗的个人反腐会聚成齐心协力的千军万马的民众反腐和有序的社会政治参与。

建立反馈机制，对群众的举报要按照反馈机制，及时回应，对每一起举报线索都进行仔细调查并将结果告知举报者。

过去，毛泽东讲过一句话：“战争之伟力最深厚的根源存在民众之中”，反腐败是一场没有硝烟的战争，它的伟力之深厚的根源同样存在于民众之中，这 30 多年，群众想参与没有渠道，想支持没有平台，最大的主力军都有游离于反腐败斗争之外，只靠专门机关的单打独斗和孤军作战不可能打赢这场关系党和国家生死存亡的战争。所以，习近平总书记才会向全党敲响了“腐败问题解决不好，就会对党造成致命伤害，甚至亡党亡国”的警钟。

最后，群众真正组织和发动起来之时，就是腐败被遏制在最低限度之日。所以说，群众肯定是腐败分子的直接对立物。他可以收买任何级别的领导，唯独就收买不了群众，如果他把 13 亿中国人都收买了，那么他就肯定不是腐败分子，而是“天下为公”的人了。腐败分子没有这么大的能量，也不会这样去做。

第五章　制度反腐须设立试点

“试点是改革的重要任务，更是改革的重要方法。”习近平总书记主持召开中央全面深化改革领导小组第十三次会议并发表重要讲话时指出：“试点能否迈开步子、趟出路子，直接关系改革成效。要牢固树立改革全局观，顶层设计要立足全局，基层探索要观照全局，大胆探索，积极作为，发挥好试点对全局性改革的示范、突破、带动作用。”

改革试点，就是改革的“试验田”。其主要目的是通过对局部地区、部门的改革试验，总结成败，分析得失，寻找规律，把试点中的个性问题与全局中的共性难题相结合，将重点突破与整体推进相统一，让先行先试的“样板间”，能为更大范围的改革实践提供可复制的成功示范。

习近平总书记从中央纪委十八届二次全会上下定“把权力关进制度的笼子里”的反腐决心，到十八届三次全会上明确”形成科学的权力结构”的反腐及政改目标，制度反腐的目标及路线图已经指明。

一、试点关乎改革成效

我国改革的科学性和系统性，决定了试点承担着战略突破的重要任务，同时也起着示范和带动作用。30多年改革开放成功的基本经验之一就在于“突破在地方，规范在中央”。在中央全面深化改革领导小组第十三次会议上，习近平总书记强调，试点能否迈开步子、趟出路子，直接关系改革成效。要发挥好试点对全局性改革的示范、突破、带动作用。这是中央对改革试点最鲜明、最突出、最深刻的强调，也是改革开放“敢闯”“敢试”

精神的再发扬。

试点是改革的重要任务，因为它承担着走出困局、打破僵局、拓展全局的重要使命。20世纪30年代，经历两万五千里长征的中国共产党，选择了陕甘宁边区作为执掌区域性政权的试点，仅仅13年，便将其成功模式推广到全中国——新中国成立了。十年“文革”，国民经济到了崩溃边缘，小岗村、凤阳县、安徽、四川等地的农村包产到户试点成功，中央将其推广到全国农村，“家庭联产承包责任制”一举解决了吃不饱饭的问题。30多年前，深圳自发地要求先行先试，经济体制改革特区的成功，中央将其复制到全国，中国特色社会主义市场经济体制成功建立起来。

改革历史证明，不试点，再宏伟的蓝图也难以下笔，再伟大的设计也难以施工，再正确的理论也难以实践。试点是改革的重要方法，因为试点有重要的示范作用。中国30多年的改革开放，可以归纳为“三个带动”，即以开放带动改革，以农村改革带动城市改革，以经济特区改革带动市场经济体制改革。这“三个带动”之所以能取得成功，关键就在于每个带动中，中央都鼓励基层要敢闯敢试；基层的试点成功后，中央都及时肯定，及时推广，从而为全国的改革树了标杆、做了示范，因此极大地解放了生产力，中国很快成为全球的第二大经济体。

试点更是改革的重要方法，因为试点有重要的带动作用。如果说此前的改革开放以解放生产力为导向，那么今后则更加注重以取得公信力为导向，同样需要一些带动，比如以强高压反腐带动纪检体制改革，以纪检体制改革带动领导制度的改革，等等。要完成这些改革，关键在用人，带动在试点。因此，在中央全面深化改革领导小组第十二次会议上，习近平总书记强调，要着力强化敢于担当、攻坚克难的用人导向，把那些想改革、谋改革、善改革的干部用起来，激励干部勇挑重担。在中央全面深化改革领导小组第十四次会议上，进一步强调，广大党员、干部特别是领导干部要大力弘扬实事求是、求真务实精神，理解改革要实，谋划改革要实，落实改革也要实，既当改革的促进派，又当改革的实干家。

试点是重要任务，更是重要方法。因为无论纵观古今，还是横看中外，一个科学合理的先行试点，都具有化大为小、化远为近、化整为零、化险为夷的功效。敢于先行试点突破，就是地方在改革中的重要任务；及时对试点的鼓励、支持和规范，更是中央在改革中最重要的方法。

2014年4月16日《山西日报》头版刊登了时任山西省委书记王儒林4月14日在忻州座谈会上的讲话。王儒林说，2014年，省纪委立案数同比增长235.5%，市纪委立案数同比增长84.1%，县纪委立案数同比增长34.2%，乡镇纪委立案数同比下降0.1%。山西有1/5的乡镇在两年多时间里一个案件也没查。这充分说明反腐斗争查办案件的力度在逐级递减，特别是20%的乡镇“上面九级风浪，下面纹丝不动”。县乡村的腐败问题不解决，老百姓身边的“苍蝇”没人管，甚至满天飞，我们打多少“老虎”，人民群众也不会满意。

所以说反腐败不能只靠强高压，必须遵循习近平总书记关于“先试点、后推广”的改革思路，必须依靠“全面深化改革”的战略动力，攻关克难。明摆着山西省、巨野县这些重灾区都有一个很深的虎穴和巨大的粪坑，但是，如果粪坑不填埋的话，你无论空降多少个巡视组，空降多少个异地干部到这里来，也无论你给异地干部、或者巡视组发多少个苍蝇拍都很难真正解决山西和巨野的老虎和苍蝇问题，必须把虎穴掏了把粪坑填埋了，山西和巨野的老虎、苍蝇才会打一只少一只，最后被控制在可能的最低限度。

就近两年的反腐成果来看，出现了“石油系”“山西帮”，还有“秘书帮”，成为街头巷议的话题。许多人感到疑惑：现有预防腐败机制怎么就没有发挥作用呢？

原因就在于我们的预防体制都是侧重于技术预防、战术预防，这种只见树木不见森林的微观操作，根本解决不了战略性的问题。比如当年红军五次反围剿的时候，前三次为什么成功，是因为战略和战役成功的，后两次老是强调御敌于苏区之外，老是强调战术的预防，结果，拿叫花子的本钱与大财主的实力相PK，哪有取胜的可能？如今，明摆着现行的权力结构有严重的问题，现行的选用人体制有着严重的弊端。这是苏联亡党亡国的两个根本性原因。苏共并非想亡党，苏联也并非想解体。但是，勃列日涅夫维稳18年而不思改革，击鼓传花到了戈尔巴乔夫。戈尔巴乔夫眼见大厦已倾，面临“不改革，等死；改革，找死”的两难境地，慌不择路搞改革。改革没有特区试点作支撑，不但没取得成功，而且导致苏共解散，苏联解体的惨痛失败。

所以，不解决这两个根本性的问题，老想着采取战术性技术性的预防，比如权力清单列一列，权力风险岗位找一找，多开几次民主生活会，多让大家给领导干部提点意见，领导干部也在这种会上装模作样地开展自我批评和批评，有意思吗？有价值吗？肯定有一点，但肯定作用不大。谁都会糊弄。落马的高官谁没做过自我批评，谁没有批评过别人？

邓小平早就指出，权力过分集中是一切问题的总病根，整个社会主义阵营在20世纪80年代末90年代初，既垮在权力过分集中这个权力结构上，又垮在权力来源不合法和缺乏代表性上面。马克思早就指出，用等级授职制来代替普选制是根本违背公社精神的。但是，苏联违背了，东欧违背了，它们就完蛋了。如果我们不抓紧改，就会是习近平总书记讲的那句话——弄得好，我们将是一片艳阳天；弄得不好，苏联的昨天就是我们的明天。

习近平总书记指出："要深刻认识到反腐败斗争的长期性、复杂性和艰巨性，要以猛药去疴、重典治乱的决心，以刮骨疗毒、壮士断腕的勇气坚决进行到底。可以看出，他对当前腐败态势的判断是相当相当严重的。"

长期性、复杂性和艰巨性，最早出现在"阶级斗争为纲"的年代，后来又一字不变用在反腐败斗争上。对此，需要进行比较科学的解读。

长期性是指反腐败是一个长期的工作。面对那么多的腐败存量、这么严重的态势，一两年、三五年的反腐败，肯定很难拿下来，因此要打持久战。抗战八年，打的也是持久战。当然，打持久战，并不意味着可以消极等待，相反，反腐要只争朝夕。

复杂性说的是所有社会主义国家，用的都是苏联模式，我们在经济体制改革中摈弃了苏联模式，但在政治体制改革中仍然沿用苏联模式。

经济体制改革与政治体制改革严重的不同步，造成了越来越复杂的困局和态势。经济体制的市场化取向与政治体制的计划性指令，让几乎所有问题都彼此龃龉。结果，30 多年我们做成了全球第二大蛋糕，但同时仅仅 30 年，我们又成为全球两极分化较严重的国家之一。如此严重的矛盾和复杂的困境，使我们距离共同富裕越来越远，与两极分化却越来越近；与清廉越来越远，与腐败却越来越近。权力结构不改革，同体监督越是增人，却越是减效；选人和用人体制不改革，谈话考察的越多，敢讲真话实话的人却越少。30 多年来，几乎每一种战术性的解决方式，最终都以无益于战略的失败而告终。苏联也曾认认真真地反腐败，但是没用，因为权力结构没有改，选人和用人体制没有变。

最后就是艰巨性，这是指反腐败不但任务繁重而且完成艰巨。30 多年的腐败存量化解太艰巨了，不可能在两三年三五年就化解得了的。空间上也艰巨。空间上是庞大的既得利益势力。

利益的刚性，决定了要把他们到手的利益拿掉有多难啊！他们怎么能够容忍这样系统性反腐？再加上反腐试验区至今没有！通过先行先试，就能够把取得的成功加以复制拷贝就可以了。

二、尽快设立试点

（一）试点建设有例可循

不少专家学者喜欢谈反腐败的节点、拐点。其实，在反腐败问题上，与其被动等待拐点，不如主动试点。为何这样讲呢？因为，30 多年总设计师邓小平就用在沿海边画的那几个“圈”的先行先试，向全世界全中国证明了：主动试点强于等待拐点！

事实上，治本是一个科学的系统工程，绝对不能在一无实验室二无样板间，也即在没有先行试验的情况下，就贸然在全国推行。这样是最容易发生颠覆性错误的！中央巡视工作领导小组成员、办公室主任黎晓宏就表示，中央巡视工作领导小组对省区市巡视工作的关系由“指导”直接改为“领导”。他还提到了一个重要信息，准备在下面建立巡视试点，加强考核、检查、评比。这说明中央已经意识到，反腐败、异体监督，作为一个制度规范化的系统工程，必须要搞试点先行。

实际上，在中国农村，已经出现了可以拷贝借鉴的成功经验——“后陈经验”。

异体监督的后陈创举

在分权中，以监督倒逼自治。21世纪初，伴随社会转型与体制转轨，一方面村级财富大量增加，另一方面村级监管缺乏与权利主体的缺位，导致违法乱纪现象频现。在严峻形势的倒逼之下，浙江省金华市武义县后陈村的村民们自发地创建了村务监督委员会。该委员会既不归党支部领导，也不归村委会领导，而是独立于两委的第三方监督机构，真正实现了异体监督——一种高效、低成本、真正意义上的监督。这是后陈村对基层体制改革特别是权力结构改革的创新。

在民主中，以监督倒逼公开。与全国相当多村民自治不断衰落相比，后陈村的村民自治却不断得到强化。这种强化，是在分权制衡中，以异体监督倒逼并加强了自治，并在自治中促进了民主。这种异体监督机制的作用力，不断推动实现“权力看得见，监督管得着”的民主实效。

在建制中，以监督倒逼规范。在干部待遇、坐班制度、培训制度等一系列相关工作的建章立制方面进行了大胆并切合实际的探索。通过异体监督自发性的后续效应，在其自身不断建制完善过程中，党支部、村委会的许多工作做法也随之开始具体化、程序化、规范化。

分权制衡的后陈拷贝

在总结中，以民主选举推动自治。后陈的这场试验揭开了中国乡村政治体制改革、权力结构改革、监督机制改革的序幕。在已有制度、规范的作用力下，推进支部大会的民主选举，改善农村选人和用人体制，为中国乡镇、县市乃至省区的权力结构和选人用人机制方面的改革创新提供了范本和参照。

在反思中，以科学分权强化监督。经过对政治体制改革的研究，改革现行权力结构，“形成科学的权力结构”，分权制衡、异体监督、民主选举等，是后陈村体制改革最核心的要素。后陈村的成功之处就在此，十年间村干部的“零违纪”、村民的“零上访”等，这是靠选举、制衡、村民自治实现。但值得警醒的是，在今后的发展中，应警惕由“行政村”转为“行政化的村”的危险，自治组织的行政化，通常会为权力的膨胀、违法乱纪等提供生存土壤。因此要认真研究并借鉴国家治理体系和现代发达国家基层、乡村自治的经验。坚持村民自治原则，避免搞成行政体系，进而不断推进乡村权力结构由过去的“议行监”（决策、执行、监督）合一，先转向“议行监”分立，再转向“议监”合一，以提高效率、缩减成本。

在完善中，以成功试验扩大拷贝。放置在中国改革的全局之中，“后陈经验”极具现实性、先进性和可拷贝性。这里所说的可拷贝性就是可推广、可复制。相比大寨模式更多依靠的是领袖魅力，后陈和小岗村一样，都是农民为了更好地生存、生活与发展而进行的自发性探索，因此具有可借鉴的可行性和现实性。

深层启示的后陈试水

中国共产党执政是我国的最大国情。立足于这一国情，乡村党建工作至关重要。“后陈经验”证明，村民自治、合理分权，有利于把乡村的党建工作做好，实现党支部在村民自治中，由党执政向执政党的成功转向。

30 多年的经济体制改革，促使中国成为世界第二大经济体。但分配不公、贫富分化等问题也到了不得不解决的关口。中国的改革开放，必须坚持党的领导，必须坚决贯彻邓小平“8·18”讲话中有关党和国家领导制度改革的重要精神。必须坚决落实习近平总书记关于形成科学的权力结构的重要论断。

后陈村在改革中厘清的两个关系即“领导关系”还是“指导关系”，其实也是地方各级党组织困惑多年的问题。行政化党建，就是加强党组织对具体事务性工作的领导关系。但按照宪法的要求，村民自治过程就是村民的民主化过程，就是在自治中实现“四个民主”的过程，就是要求村支部党建的民主化与之相适应的过程。如何逐步改革我们当前“行政化党建”的现象，后陈试水提供了经验。

此外，后陈村还通过创立相对独立的监督权，对在村级组织“形成科学的权力结构”进行了十年相对自主、科学的探索，但是仍有改革的空间。做加法：从后陈村到武义到其他县市的横向简单复制拷贝；做减法，村民大会与村监委合一，以减少权力运行成本，村委会只负责执行；做乘法，不断深化改革，通过民主化党建，推选优秀党员参选村委会、村监委，形成民主的良性循环，进而实现乡村善治。如果能由村推进到乡，并通过尽快设立政改特区，及时推进到县，再推进到市等以实现更广范围、更高层次的拷贝、完善和提升，“后陈经验”将不断创造新的历史。

从治理能力的提高到治理体系的现代化是后陈有益的探索。党的十八届三中全会提出推进社会治理体系和治理能力现代化是全面深化改革的总目标。从政治体制改革的角度而言：现代化治理体系，主要就是通过改革，形成科学的权力结构；现代化治理能力，主要就是通过改革，形成科学的选人和用人体制。在这方面，“后陈经验”的成功，将对乡镇、县市、省区乃至整个国家的治理体系和治理能力提供极有价值的“样板”。

（二）主动试点有效化解风险

反腐败高压态势形成一年多后，最大的问题已经不是敢不敢反的问题，而是敢不敢改的问题！最大的困难已经不是在纸上谈兵反复论证的困难，而是严重缺乏载体，无法进行试验的困难！

从十八届二中全会上指出“把权力关进制度的笼子里”，到十八届三中全会上强调“形成科学的权力结构”。反腐败虽然似乎并没有出现在两句话中，但一根认识深化的红线却贯穿始终——反腐败的压力必须在案中，功夫必须在案外，成功必须在改革。查案，能把腐败官员关进监狱的笼子里，却并≠把权力关进制度的笼子里；功夫，必须下在查办案件外；反腐的成功，则只能靠深化改革，形成科学的权力结构。

因为，没有相当数量腐败案件的查处，就无法形成反腐败的高压态势。形不成不敢腐的高压态势，就无法下功夫在案外认真查找这些年腐败易发多发并不断滋生蔓延的根本性原因。查找不到引发腐败的根本性原因，就无法通过全面深化改革，特别是试点的先行先试，以保证反腐败的真正成功。

据统计，2000 年到 2007 年，有 6 个省部级以上官员被处以死刑。而这一轮查处的落马高官，绝大部分贪腐问题都是在杀了这 6 人之后发生的。用死刑都不能把他吓住。所以，不敢、不想、不能这三大要素是不一样的，最关键的是不能腐败。“十八大”以来的反腐工作已经开始赢得了时间，很多问题官员开始收敛收手，老百姓对党和政府的公信力空前增强，为治本赢得了时间。而设立政治体制改革特区，是更好也最能为治本赢得时间。如果不设立，就马上在全国普遍推行，那样肯定就乱了。就像袁隆平实验田如果没成功，就不敢在全国所有稻田推行他的品种。否则，将是全国夏粮的颠覆性失败。

体系建得再好，如果没有试点，就只能是一些原则性的工作建议和政策部署，只能是号召进行改革。就像十一届三中全会，以解放思想为旗帜，以敢闯敢试敢冒相号召，但要制定出像包产到户这样的改革样板出来，必须靠安徽、四川农民去闯（进行改革试点）才行。

三、制度反腐是治本的试金石

改革开放30多年，一方面，中央对反腐败最为重视，态度最为坚决；而另一方面，反腐败形势依然严峻，任务依然艰巨。制度反腐，已经成为“十八大”后改革的试金石！

从上来看，党中央对腐败分子从不手软，所有的腐败案件，小到普通党员干部，大到政治局委员，无一不是党依靠自身的力量严肃认真查办的。从下来看，人民群众是腐败的直接对立者，近年来，随着网络反腐平台的不断发展，党的“十五大”确立的反腐败领导机制工作机制的最后一句“依靠群众的支持和参与”，工作越来越由虚到实，信息越来越由少到多，力量越来越由小到大。

有了上和下这两个积极性，反腐败就既有决心，又有动力。再加上30多年取得的巨大物质成果，只要以改革的精神继续推进制度反腐，就能打赢反腐败这一场没有硝烟的战争。

必须承认，在关系党和国家生死存亡的腐败问题上，党是敢于下重手的。但是，也必须承认，正如好诗的功夫在诗外，反腐的功夫也在案外。迄今为止，全世界没有一个国家和地区，单凭查办案件就把腐败遏制住的。反腐败的过程，既是查办案件的过程，更是制度建设的过程，特别是对权力的制约乃至制衡的过程。

腐败与经济高速发展有关，但并不直接。与腐败最为直接相关的是权力。因为，腐败就是公权私用，牟取私利！权力制约、制衡得好，经济高速发展，政治也能清廉；权力失衡、失控，经济发展速度不快，甚至倒退，政治照样腐败！

30 多年的反腐败实践证明：经济体制改革与政治体制改革不同步所拉开的缝隙，恰是腐败滋生蔓延并得以易发多发的生存空间。如果权力架构，或者说权力的生产线出了问题，再好的零配件送上去，也难以生产出合格产品。

事实证明，没有科学的权力结构，必然经常滋生缺点；没有合理的权力分解，必然经常发生错误；没有及时的监督，必然延误错误的发现；没有有效的监督，必然难以挽救失败。

当权力失去 20% 的监督时，它就蠢蠢欲动；当权力失去 40% 的监督时，它就破门而出；当权力失去 60%

的监督时，它就铤而走险；当权力失去 80% 的监督时，它就敢于践踏一切法律；当权力失去 100% 的监督时，它就不怕上断头台。

如果权力过分集中的“总病根”不能得到根治，民主就难以生存，监督就难以有效，体制就难以健全。失去监督的权力，不仅容易腐败，而且也容易逃脱惩处。腐败一旦在较长时间、较大范围保持一种“出生率”大于“死亡率”的态势，就会在局部出现人心思贪的现象，就会在一些人中间生出没有机会腐败的喟叹，就会在部分人中出现笑廉不笑贪的心态。于是，称谓上，“书记”变成了“老板”，“老板”又变成了“大爷”。权力所内含的独占性、扩张性、排它性，在这“总病根”的催化下，对内形成强烈的封建式的人身依附关系，对外先滋生跑官要官，再蔓延成买官卖官，最后发展成骗官杀官。欲治其症，欲求其解，改革势在必行。

四、新常态下制度反腐展望

党内存在的一些腐败消极现象所以屡禁不止，有的情况还相当严重，一个重要原因，就是相当一些地方和单位的党组织和领导者治党不严，对党员干部特别是领导干部疏于教育、疏于管理、疏于监督。

全面从严治党的“严”，不仅有“严厉”的含义，而且还有“严密”的意思。“严厉”与“严密”共同构成了“严”这个矛盾的统一体。从某种意义上讲，“严厉”是标，是形式；“严密”是本，是内容。

为什么在不少地方，从严治党，却严不起来；在不少单位，从严治标，却严不下去？这种措施严不起来、成效严不下去的不严厉，其根源就正在具体制度上的不严密。由于我们党内在教育、管理、监督上存在着“三个疏于”的问题，还不太适应从严治党的要求，因此个别地区和单位才出现谁先反腐败，谁先吃亏；谁真查大案要案，谁真得罪人；谁带头严格自律，谁孤掌难鸣的反常现象……正是由于诸多隐性的不严密，才有众多表象的不严厉。其中一个重要原因，就在于“严厉”没有以“严密”为载体，去推进从严治党的工作，巩固从严治党的成果，发展从严治党的态势……

正是这种治党中存在的不严密状况，致使一些地方和单位党委班子软弱涣散，思想上政治上不强，“好人主义”盛行，庸俗的关系学泛滥，官僚主义严重，脱离群众，高高在上，饱食终日，无所用心。讲关系不讲原则，讲私情不讲党性，甚至纵容包庇，姑息养奸。

不可否认，这些年在从严治党上，确实存在着不严厉的的问题。既表现于要求不严，治理不严，执纪不严上，更反映在从严治党在各地和单位贯彻落实的不平衡上。诸如有的地方党委会上强调要严肃查办，会下却瞒案不报，压案不查，担心拔出萝卜带出泥；有的单位党组织再三表态要严肃惩处，手中的板子却高高举起轻轻放下，左顾右盼，下不了手；有的领导干部在民主生活会上海阔天空，说古道今，却总不愿接触自己的实质问题，实在绕不过去了，也是讲明不讲暗，说小不说大，廉洁自律很不严肃，甚至走了过场。

因此，要坚决贯彻从严治党方针，既要认真解决执纪不严、惩处不力、失之于软、失之于宽的不严厉问题，更要下大力解决教育不严、管理不严、监督不严的不严密问题。而过去一说治党不严，就习惯性地认为是对党内那些违纪违法者查得不严，处理不严，很少考虑我们在治党中存在着教育不严格、管理不严肃、监督不严密等问题。结果，尽管多次强调治党要严，尽管不断加大从严治党的力度，尽管党风廉政建设不断取得新的阶段性成效，但是党内一些腐败现象仍在滋生蔓延，反腐败斗争形势依然比较严峻。

针对党内一些消极腐败现象仍在滋生蔓延的实际，

我们一方面要继续加大打击的强度和查处的烈度，另一方面要加强主动监督，加强事前、事中防范，把监督的关口积极往前移，使党内专门监督机关能进行“铁面无私的监督检查”；针对执行党纪中失之于软，失之于宽，失之于缓的状况，一方面要不断强化措施，补充规定，制订细则，严格纪律，另一方面要积极稳妥地分解和配置党内权力，改进和加强党的制度建设，努力做到领导干部的权力行使到哪里，领导活动延伸到哪里，党组织的监督就实行到哪里。

为改变这些年在贯彻从严治党方针中存在的不严密的状况，落实全面从严治党的方针，不是一时一事的要求，必须全面贯穿于党的思想、政治、作风、纪律和组织、制度建设的各方面工作，切实体现到对各级党组织、广大党员和干部进行教育、管理、监督等各个环节中去。如果我们“各方面的工作”和“各个环节”都能全面贯彻并切实体现从严治党的方针，“不严密”的状况就能得到根本改观，治国必先治党，治党务必从严的要求必能真正实现。

坚持全面从严治党，一方面必须对党内已发生、发现的违纪违法行为和案件进行严查、严惩、严处，用重拳加大打击强度，用重典加强惩处烈度，使之不敢轻易犯案，不敢铤而走险；另一方面，或者说是更重要的方面，就是要在从严治党上，认真贯彻和落实习近平同志关于对党员特别是领导干部严格要求、严格管理、严格监督的指示精神，在党内经常开展积极的批评和自我批评，建立并完善思想道德和党纪国法两道防线，使关口真正前移，用严密的治党措施，把党内违纪违法行为和腐败现象降到可能的最低限度。

据此，全面从严治党，不能只着眼于通过严惩，使党内的一些腐败现象不敢滋生蔓延；而且更应该尽快建立健全起一整套便利、管用、有约束力的机制，使党的各级组织对党员、干部实行有效的管理和监督，及时发现矛盾、解决问题，使党的肌体始终保持健康。

我国当下腐败问题的严峻性，决定了未来一段时间，反腐败斗争的形式不会趋缓，而是进一步“胶着化”。

（一）“老虎”“苍蝇”一起打的高压态势仍会继续保持

“老虎”“苍蝇”具体怎么打，将依据广东、上海这些地方的火力侦察。这两个地方是中国比较有代表性的地方，对当地领导干部的财产进行 15% ~20% 的抽查，是对腐败存量呆账的火力侦察。此类侦察通常有三种做法，第一，是按一定比例抽样；第二，按老人老办法、新人新政策核查；第三，根据群众反映的线索，对涉及到的干部进行检查。三种方法中第三种是最佳选择，涉及面很小，第二种是中策，第一种则是下策。这些年来，相当多的干部有灰色甚至黑色收入，这是一定的历史原因造成的。如果对所有的领导干部进行抽查，查到了怎么办？这是一个考验。主要看对抽查的结果如何处理，要看腐败存量呆账的真实情况怎么样，然后再依据实际情况做处理决定，才能起到科学有效的反腐作用。

（二）加强自身建设，用铁的纪律打造一支铁军

习近平总书记在中央纪委三次全会上指出，各级纪委要解决好“灯下黑”问题。

王岐山同志提出的“对自身的监督必须更加严格，执行纪律必须更加刚性”的要求，防止我们队伍内部出现“蛀虫”，及时把“害群之马”清理出去。中央纪委已决定对纪检监察室主任魏健和副局级纪律检查员、监察专员曹立新两人进行立案调查。加强纪检监察干部自身建设，基于以下考虑：

信任不能代替监督：王岐山同志提出的“信任不能代

替监督”这一重要命题，是十八届中央纪委常委会贯彻落实习近平总书记系列重要讲话精神，从严加强纪检监察机关自身建设的具体体现，它建立在对权力运行规律认识的基础上，深刻揭示了自律和他律的辩证关系。

监督面前没有特殊群体。监督者更要带头接受监督。作为纪检监察机关，我们必须更加自觉、主动、严格地把自身置于监督之下

打铁还需自身硬。“打铁还需自身硬”，是习近平同志在当选中共中央总书记后会见中外记者时提出的要求。监察干部队伍既是党的干部队伍的组成部分，又承担着纯洁党的队伍、维护党的肌体健康的重要使命。这决定了我们这支队伍更要做到“打铁还需自身硬”。

（三）“八项规定”、遏制“四风”等指示会得到进一步贯彻落实

王岐山在十八届中纪委三次全会上的工作报告中指出：“深化作风建设，坚决纠正‘四风’。落实中央八项规定精神，要在坚持中深化、在深化中坚持，巩固和扩大成果。不良作风具有顽固性和反复性，改进作风要由浅入深、由易到难、由简到繁，循序渐进。结合深入开展第二批党的群众路线教育实践活动，着力解决基层党

员干部‘四风’方面存在的问题。健全改进作风常态化制度，坚决落实《党政机关厉行节约反对浪费条例》，规范并严格执行党政机关国内公务接待管理规定和领导干部工作生活保障制度。”“加大执纪检查力度。纪检监察机关要扭住落实中央八项规定精神不放，一年一年抓下去，一个时间节点一个时间节点地抓，坚决防止反弹。严格执纪监督，加大惩戒问责力度，及时查处违纪违规行为，点名道姓通报曝光。”可见党风廉政建设的各项重要政策和法规会在今后得到进一步贯彻落实。

（四）将党风廉政建设和反腐败纳入依法治国的轨道

将治理腐败纳入法治轨道，是坚持依法治国、依法执政、推进法治国家、法治政府、法治社会一体化建设的系统工程。

1. 反腐败是依法治国的必然要求

依法治国要解决的问题就是为权力者实施权力立规矩，或者也可说是把权力关进法网（笼子里）。是奉行“法律支配权力”之道。法律在社会具有至高无上的权威和具有不可侵犯的力量，任何组织、社会团体和个人，都必须严格依法办事，受制于法，不得违背或侵犯法律，否则都要受到法律的制裁。腐败视为公共权力的不正当运用，法治就是要规制权力正确使用。

因此，依法治国，必然要治理腐败。形成有法可依、有章可循、依法治腐的良性循环，这是现代法治社会所追求的价值目标。

2. 将反腐败措施纳入法治化轨道

中央纪委书记王岐山同志于2013年1月23日在十八届中央纪委委员学习贯彻党的“十八大”精神研讨班发言中强调，要深刻认识党风廉政建设和反腐败斗争的长期性、复杂性和艰巨性。坚持标本兼治，当前要以治标为主，为治本赢得时间。应该说，治本是制度建设的一项长期性工作。在制度完善过程中，惩治已经暴露出来的腐败问题，可以为治本赢得时间。在这一战略思想的指引下，“十八大”以来，坚持惩治腐败不放松，“老虎”“苍蝇”一起打。坚决查处领导干部违纪违法案件。被查处的省部级官员人数是过去5年平均数量的3倍多。党风廉政建设和反腐败工作取得明显成效。时值至今，距王岐山同志提出“当前要以治标为主，为治本赢得时间”的反腐败战略已近几年了。反腐败进行到一定程度，治本措施需要跟上。所谓治本是指在制度上、法纪上防治腐败。将反腐败措施纳入法治化轨道。依法治国要求执政党必须依法执政，将政党政治纳入国家的法制轨道。在依法执政的条件下，宪法、法律至上的执政理念要求主要应依靠国家的法律（但不排除党的政策的指导作用）执政，由对国家事物的具体干预转变为依法领导。在这一过程中，党内条规和国家法律是将政党政治纳入国家法制轨道的前提，二者健全、协调，才能将依法治国与依法执政相统一，党的政治权威和国家法律权威相一致，循法而治，依律而行。

3. 未来我国党风廉政建设和反腐败法治化趋势

（1）有法可依——形成完备的法律规范体系

（2）有法必依——建立高效的法治实施体系

（3）执法必严——严密的法治监督体系

（4）违法必纠——建立有力的法治保障体系

可以预见，将反腐败纳入法治轨道，就要坚持以法治思维和法治方式反对腐败，严格按程序、按制度办事，积极探索改进办案模式，强化治本措施，不断提高依纪依法惩治腐败的能力。

后记

石墨与金刚石的启示

——为什么要尽快设立政改特区？

再过几天，便是邓小平“8·18”讲话36周年纪念日了。中央编译出版社在这天隆重推出我的《论制度反腐》小册子，我深表谢意！

20世纪60年代中期，我精读了《毛泽东选集》四卷；70年代，无书可读的我，在部队通读了《马恩全集》和《列宁全集》；80年代初，为撰写《略论我国封建社会监察制度》，我从《史记》浏览到《清史稿》……读过书、造过反、进过厂、下过乡、扛过枪的我，慢慢明白了读万卷书不如行万里路的道理，渐渐懂得了行万里路不如阅人无数的要义，乃至洞悉了阅人无数不如心有顿悟的真谛……

在书中，我同历史的先贤和现实的伟人交谈；在书中，我同成功的王侯和失败的英雄切磋；在书中，我同长于战略的智者和精于战术的勇者沟通……

30 多年前，有两个人和两个物把我引向制度建党、制度研究、制度反腐的研究方向……

一是魏源——近代史上睁眼看世界的第一人。作为清代思想家、政治家的魏源，曾以其深刻的洞察力和独特的视角，勾勒出一幅从人才在政权结构中的站位，透视国家兴衰的历史挂图。“至治之世，士在公孤；小康之世，士在僚采；倾危之世，士在游寓；乱亡之世，士在阿谷。”（《默觚下．治篇十二》）30 多年前，魏源的这四句话，对我的研究有着醍醐灌顶的功效。中国历代由乱到治、由治到乱，其人口、人才变化通常不大，但国家、社会的治理却有天壤之别。其根本原因，可以从治世与乱世的人才站位中洞悉缘由、探索规律……

二是邓小平——改革开放的总设计师。他在1980年“8·18”讲话——《党和国家领导制度的改革》雄文中，以问题为导向，找到了总病根；以改革为发动，确定了总动力；以制度为目标，明确了总方向。30年来，我将制度建党、制度监督、制度反腐作为我的自选课题研究，实得益于对“8·18”讲话的反复研读。邓小平堪称首倡中国制度反腐的第一人。

三是两个自然物——石墨与金刚石。石墨和金刚石都由碳单质构成，仅仅因为分子排列结构不同，一个硬度只有1，一个硬度却高达10。它们的化学性质完全相同，二者的化学式都是C。它们是由相同的碳元素构成的同素异型体，所不同的是物理结构特征。石墨原子间构成正六边形是平面结构，呈片状；金刚石原子间是立体的正四面体结构。金刚石与石墨的关系是同素异形体。

魏源让我明白了结构的重要，邓小平的“8.18”讲话让我懂得了领导制度的核心就是权力结构，组织制度的核心就是选人用人体制。而石墨与金刚石则让我知道了，一个民族、国家，在一定的时空条件下，她的人员数量、体力、智力并未发生大的改变，却仅仅因为人才在国家权力结构中的占位不同，乃至出现由盛世到乱亡截然相反的结果……

于是，在研究权力结构的过程中，我明白了最好的权力结构是等边三角形，由于三个角对应的三条边都相等相同，因而分解科学，制衡合理，稳定性强。其次是等腰三角形，第三是直角三角形，而最差的是不规则三角形。

我懂得了在“形成科学的权力结构”后，为政之道，就要在用人上了。把最重要的人，放到最重要的岗位上，天下必然大治，国家社会必然盛世。否则，只能是小康、倾危、乱亡。

我知道了最有价值的改革创新，是为将来留下更多的可能；最有价值的权力行使，是为权力的赋予者带来更多的利益；最有水平的优秀领导，是让所领导的人最大可能地人尽其才；最能到位的监督检查，是让被监督者不犯大的错误；最有价值的制度反腐，是把腐败遏制在可能的最低的限度！

权力反腐，主要是以治标的方式净化政治生态，能管一时，却难管一世；能治一域，却难治全局。制度反腐，主要是以治本的方式净化政治生态，选择合适的试点突破，点虽小，但却五脏俱全；势虽慢，拷贝即能提速。

推进制度反腐，是一场没有硝烟的战争。需要一个进攻出发阵地，需要一个登陆的抢滩点。对于30多年“越演越烈”的巨大腐败存量和呆账，对于“天涯无净土”的客观现实，尽快设立政改特区，是能否成功的不二选择。

因为，再好的治标，也只能赢得时间，而无法赢得空间。治标既有可能赢得时间，也有可能输掉时间。大寨工分记得再好，全国人民肚子也无法吃饱。朱元璋杀人再多，也无法遏制明朝贪官增多。

再小的治本，也能赢得空间，从而拷贝成功。治本既有可能在局部赢得空间，也有可能在局部输掉空间。如毛泽东的井冈山、瑞金局部空间虽然暂时输掉，却赢得了陕甘宁特区，成功拷贝了新中国。邓小平的改革开放虽然也输掉了一些局部空间，却赢得并成功复制了全国的包产到户和市场经济体制。

政改既然比经改困难，制度反腐既然比权力反腐艰巨，经改、权力反腐都要先设立特区，政改、制度反腐为何可以不设立特区？

四个全面战略布局，其战略动力在全面深化改革，其战略关键在全面从严治党。而全面深化改革，重点在深化政治体制改革！只有经改而无政改，动力必然难以为继。而全面从严治党，既要严厉，更要严密，重点在改革党的领导制度（核心是权力结构），实现严密的“制度治党”（习近平语）。无论全面深化改革还是全面从严治党，都离不开深化政治体制改革，都必须尽快设立政改特区！我以为，作为政改特区的试点，必须抓好制度反腐五要素。

第一，必须设立政改特区。30多年来政治体制改革滞后，关键就在于我们只有经济体制改革的试验区，而没有政治体制改革特区。政治体制改革是对现有的权力结构进行实质性改革，所面对的既得利益的势力太大，所要承担的责任太大，所要冒的风险太大。没有上级的及时支持，没有中央的强力支持，成功的几率不高。因为这种做法是以个体去挑战群体，是以对己无益去挑战既得利益，是以大多的无依无据去挑战甚至违反很多的现有规定。突破在地方，规范在中央，是改革开放三十多年的经验之谈！

第二，必须改革权力结构。我们的权力结构，基本上是照搬苏联模式，将决策、执行、监督三权集为一体的权力结构。这种“权力过分集中”的权力结构，既是苏共亡党的“总病根”，也是我们各种问题的“总病根”。36年前，邓小平同志就进行了党和国家领导制度改革的顶层设计和战略规划，其要义就是改革权力结构，通过党内分权以形成党内制衡。改革权力结构，可实行三步走战略。一是党内分权，逐步还权于党员；二是党政分工，逐步还权于政府；三是党政分开，逐步还权于人民。从而顺利并成功完成由革命党向执政党的转变。

第三，必须改革选人用人体制。苏共亡党东欧剧变，第二个根本性原因是等级授职制的选人用人体制。由于我们在用人体制上，所采用的基本也是“苏联模式”，因此，随着执政时间的延长和权力含金量的增加，吏治腐败也就成了改革开放中最为严重的腐败。改革选人用人体制，也可实行三步走战略。用2—3年在县、乡镇党委进行直选；用2—3年在市、省党委进行直选；用2—3年在各级地方政府进行直选，差额选举比例不少于15%。候选人可由党组织提名、党员群众提名、民主党派提名，各占三分之一。

第四，必须积极稳妥解决腐败呆账。中国的改革，是党委政府主导而非市场主导。由此决定权力这一“有形之手”的作用远大于市场“无形之手”的作用。加上监督制衡的缺失，权力含金量的迅猛增加，在快速加大权力风险的同时，也使腐败在官员中呈易发多发之态势。30多年的腐败呆账，由此形成。于是，随着改革时间表的推移，不少官员从自身的既得利益出发，其改革愿望，特别是政治体制改革的动力越来越小。如何防止呆账成死账，如何变消极为积极，如何变阻力为动力？20世纪70年代香港以特赦化解腐败呆账的成功经验值得借鉴。

第五，必须动员并组织群众广泛支持和有序参与。必须切实改变这种仅限于专门机关孤军作战单打独斗反腐败的局面，“依靠群众的支持和参与”，发挥民众在反腐中的伟力作用。因为，权力腐败虽然表面上看起来是挑战了权力的秩序，但实际上却是严重侵吞并损害了权利（也即群众）的切身利益。所以，民众才是腐败最直接的对立物，民众中深藏着反腐败的强大动力，应充分发挥民众对腐败的举报作用。此外，批判的武器不能代替武器的批判，民众虽有参与反腐的积极性，但要持续组织调动和有序引导这种积极性，还需要有力的领导和相应的物质鼓励。必须发挥网络反腐的平台作用。要健全网上舆论引导机制，发挥互联网等新兴媒体在促进反腐倡廉建设中的积极作用。充分利用网络这个最大的平台，使人人起来监督党委政府成为可能，而我们各级党委政府在如此公开便捷且影响力如此之大的网络平台前，就不会也不敢稍有懈怠。

权力反腐的治标可以先行，可以高压，可以暂时赢得时间；但制度反腐的治本才能取得示范，突破空间，带动全局的作用。

沉疴难起，重危难救。制度反腐的治本离不开设立政改特区或廉政试点。十年看五年，五年看三年，三年看当年。当年看的是反腐高压态势，三年看的是政改或廉政特区的设立，五年看的是政改特区的批量复制，十年看的是全党全国全局性的成功拷贝。因此，制度反腐五要素必须尽快从政改试点先起步。

正因为政改特区新模式前无古人，才需要敢作为、敢担当的改革者去大胆探索、大胆实践、大胆干（习近平语）——坚决摈弃苏联模式，走中国特色新路！

再好的制度反腐设计，也离不开政改试点。

事实已经证明并将继续证明：政改没有试点，必然缺乏示范；政改没有试点，必然左顾右盼；当政改没有试点，共利就难以形成；当政改没有共利，共识就无从谈起；当政改没有共识，动力就无法聚集；当政改没有动力，革命就会悄然而至……

对权力反腐的深刻反思，终于使我们认识到，在社会转型、体制转轨的双重转换下，由于政治体制改革未能与经济体制改革同步推进，由于实践中未能做到两手抓两手都要硬，由于30多年来，我们只在经济领域而未在政治领域摈弃苏联模式，因此不仅反腐败的形势极为严峻，党内脱离群众的现象普遍存在，而且各级党委政府的执政能力明显不足。

30多年割韭菜式的权力反腐，使我们既深陷“越演越烈”的反腐僵局，也形成“天涯无净土”的生态困局，还出现“苏联的昨天就是我们的明天”的亡党危局。习近平总书记关于“四个全面战略布局”、“发挥好试点对全局性改革的示范、突破、带动作用”和“形成科学的权力结构”“制度治党”“重构政治生态”等重要论断，既是我们打破僵局、走出困局、解决危局的方向指引，也是推动制度反腐、净化政治生态的路径依赖，还是尽快设立政改特区的任务要求。

如果说，我们前30年改革开放的成功，主要在经济领域摈弃苏联模式，解放了生产力；那么，“十八大”以后的改革开放的成功，将主要在政治领域摈弃苏联模式，恢复和重建党和政府的公信力！

为此，必须尽快由权力反腐转向制度反腐，必须尽快设立政改特区，必须尽快重构政治生态！

设试点，事竟成！

特别致谢：

李秀娟，律师，吉利大学法学院原院长。这些年，是她将我30多年来散见于各类报刊的文章、专访搜集起来，不断的汇集、精选、整理，并坚持让我出书，才有此书的形成。

邓永标，中央编译出版社综合分社社长。近年来，是他的主动工作、上下沟通并精选编辑，才使此书得以出版。

董　瑛，浙江省委党校教授、博士。这两天，是他不辞辛苦深夜加班，为此书的审改作了大量细致的校对。

王　超，品牌中国战略规划院监事长助理。这些日子，是他超负荷的工作，为此书出版付出辛劳。

张欣娅，我的妻子、小学同级、中学班长、大学同学。这段时间，利用照看外孙女乐乐的间隙，认真校对并把关此书。

作者

2016年8月1日建军节夜

作者简介

李永忠，我国知名制度反腐学者和纪检监察实务专家。1979年即在军队纪委工作，转业后到地方纪委、中央纪委工作，纪检生涯长达30多年。历任中央纪委研究室办公室主任、中央纪委北戴河培训中心副主任、中央纪委北京培训中心副主任、中国纪检监察学院筹备办副主任、中国纪检监察学院副院长等。现任国家行政学院等院校兼职教授、中国经济体制改革研究会特约研究员、中国民生研究院学术委员会副主任。

李永忠长期潜心于党的制度建设、制度监督、制度反腐研究。多次参与中央纪委全会报告、总书记重要讲话和中央纪委向党的全国代表大会报告的撰写工作。

曾应邀在中央党校、国家行政学院、国防大学、军事科学院、北京大学、清华大学等院校和全国数百家单位、地区授课。

在《人民日报》《求是》《光明日报》《中国党政干部论坛》《学习时报》《南方周末》《凤凰周刊》等报刊发表文章千余篇。出版《苏共亡党之谜》《负担与责任》等多部著作。其中《负担与责任》被评为中央国家机关工委与国家新闻出版广电总局2013年中央国家机关“强素质·做表率”读书活动政治类图书推荐书目（两本之一）。《论制度反腐》是本书升级版。

作者研究成果有的填补了执政党规律研究的空白，有的处于全国理论研究的前沿，引起党内外、海内外的广泛关注，曾获全国第八届“五个一工程”理论文章奖。

中央编译出版社部分新书推荐

□《国家命运：反腐攻坚战》 邱学强、徐伟新、俞可平、袁曙宏等 26 名顶尖专家学者 合著 定价 58.00 元

论辩当前中国反腐败局势、研究中国未来政治发展。中央编译出版社 2015 年十大畅销书之一。

□《国家命运：中国未来经济转型与改革发展》 吴敬琏、厉以宁、林毅夫、高尚全等 32 位经济界顶尖学者 合著 定价 58.00 元

中国向何处去？中央编译出版社 2015 年十大畅销书之一。

□《谁在导演世界》（2016 升级版） 边芹 著 定价 48.00 元

“精神亡国者”的哀伤，中西方文化博弈，争夺话语权。本书持续荣登文化畅销书榜首。

□《孔子是个好老师》 钟国兴 陈有勇 著

让孔子这个可敬可亲的老师复活。北京大学校长林建华，学习型组织理论之父、“世界十大管理大师”之一彼得·圣吉推荐阅读。2016 年 4 月上市第一月发行 41000 册。

□《领导要义三千言》 晓山 编著 定价 68.00 元

本书是作者结合三十年工作经验，对如何把握领导要义做出的深入思考。这三千格言警句涉及领导干部需具备的基本素质与综合素质的各个方面，可作为领导干部的执政之准绳、立身之原则。

□**《厚土——一个清华学子对晋西农村的调查纪实》 肖亚洲 著**

定价 68.00 元

国务院参事、清华大学公共管理学院教授施祖麟:《厚土》堪称大学生社会调查的扛鼎之作。

中国社会科学院农村发展研究所于建嵘:《厚土》是一部不可多得的农村实地考察报告。通过此书，我们看到乡村的过去与现在、乡村所经历的欣喜与痛感、乡村所承载的重负与希冀，并由此看到一个真实的中国农村。

“三农”问题专家李昌平:《厚土》为方兴未艾的非虚构写作提供了一个高质量的范本!

□**《追寻巨人》 [美] Jack Sun(予森)著 定价 28.00 元**

本书帮助读者探寻内心巨人，激发内在潜力。世界顶级的美国沃顿商学院著名教授联袂推荐，中国新东方教育科技集团总裁俞敏洪致信推荐。

□**《朴槿惠新传》 张俊杰 著 定价 38.00 元**

一个打破了韩国政坛男人的统治，被称为“韩国撒切尔”的女人——朴槿惠。本书持续荣登机场书店畅销书榜首，中央编译出版社 2015 年十大畅销书之一。

□**《默克尔新传》 王拥军 著 定价 38.00 元**

一个坚守着自己的底线，永不妥协的铁娘子，一个“连任三届的女总理”。本书让我们共同走进默克尔的世界，领略这位实干家、女汉子的独特风采!

□**《国富新论》 翟玉忠 著 定价 39.00 元**

本书将中国古典经济学轻重之术和盘托出。

□《中国超级经济》 [加] 殷敬棠 著 定价 56.00 元

研究中国经济未来发展，介绍中国宏观经济走势。

□《大国崛起之谜》 李超民 著 定价 48.00 元

本书为读者破解大国经济发展的秘密。

□《超脱考试做领袖》 陈济安 著 定价 30.00 元

原是一本内部教材。公开出版后，郭传杰、冯恩洪、毕诚等著名教育家均极力推荐给学生、教师、学生家长阅读。

□《创新中国教育》 [加] 江学勤 著 定价 39.00 元

一位耶鲁毕业生教你如何考上国际名校，讲述发生在北京大学附属中学、深圳中学创新教育的故事。被誉为“全世界教育之父”的安德里亚斯·施莱歇尔教授（AndreasSchleicher）写序推荐。

□《白领禅》 [加] 史蒂文·海涅 丘丽君 译 定价 48.00 元

这是一本以行云流水的心情表达禅意的书。最大特色是象征性用“隐士之禅”“武士之禅”形象完美地表达了职场之禅——白领禅。

隐士之禅——象征对世界的冷静觉察，而见山是山、见山不是山、见山还是山，则隐喻了看待事物的不同境界，通过日常工作中的修炼，人可以追求越来越高的境界。

武士之禅——象征着决断和有效率的行动，而通过修养的加强，人可以更有创造性地追求自己的目标。

□《思想的帝国》 贺雄飞 著 定价 35.00 元

犹太人创造力的奥秘是什么？本书剖析诺贝尔奖中的“犹太现象”，阐述国际舞台上群星璀璨的犹太人，揭开犹太精英成功智慧的秘密。

□《请愤怒吧》 [法] Stéphane Hessel（黑塞尔）著　河清 译

定价 20.00 元

上市 3 个月发行 500 万册，成为法国头号畅销书。可见这个世界是多么渴望正义的声音！

□**《中国环境地理学》（上下册） 练力华 著　定价 108.00 元**

中国传统环境地理学发展历史上的一次全新探索。一书读懂中华传统建筑文化奥秘！

□**《王阳明全集》（明） 王守仁 著 朱熹 等注 118.00 元**

本书是迄今为止收录最全、简体横排，全新足本，王阳明西学思想及一生最重要的著作，是儒家思想中最具个性、最具争议的代表作。

□**《生存：立体污染下的生死之忧》 邵传贤 著　定价 58.00 元**

吃得明白，才能活得健康。环境美好，才能活得愉快。那么，怎样才能知道，什么东西能吃，什么东西不能吃；什么东西污染，什么东西干净呢？建议你看看这本书。而且从我做起，身体力行，大家都来保护环境。

□**《微信群》 老壹 著　定价 49.00 元**

国际级实战派微营销专家教你玩转微信群，2016 年网络营销最热门书。

□**《家风》 吴光磊 著　定价 39.00 元**

道德传千古，家风抵万金。2016 年 9 月发行。

□**《静坐的科学与心灵之旅》 杨定一 著　定价 42.00 元**

通过科学的静坐寻找到人生的意义。一部关于修身养性、造福于人类的力作。台湾发行 15 万册，引进版 2016 年 9 月发行。